JN081311

CD-2

自己紹介

안녕하세요?
アンニョンハセヨ

おはよう・こんにちは・こんばんは

저는 ＿＿＿＿＿＿ 입니다.
チョヌン ＿＿＿＿＿＿ イムニダ

私は＿＿＿＿＿＿です。

만나서 반갑습니다.
マンナソ　パンガプスムニダ

お会いできてうれしいです。

잘 부탁합니다.
チャル　プタカムニダ

よろしくお願いします。

音声サイト URL

http://text.asahipress.com/free/korean/
ohakan1/index.html

おはよう韓国語 1

崔柄珠

朝日出版社

表紙・本文イラスト　朴志海（パク・ジヘ）
本文イラスト　辛ナラ（シン・ナラ）

はじめに

　本書は、はじめて大学で韓国語を学ぶ日本人学生のために作成しました。週に1コマ1年間受講して無理なく終えるように構成されています。「**分かりやすい、かわいいイラスト入りで楽しく続けられる**」テキストを目指しました。

　『おはよう韓国語1』の作成にあたり以下の点に注目しました。

　本書は、10課で構成されており、「文字と発音」、「会話と文法」、「付録」の三本立てになっています。

Ⅰ．**文字と発音（第1課−第4課）**は、ハングルの仕組みを理解したうえ、文字の読み書きと発音の練習が楽しくできます。第4課では基本となる発音法則をまとめてあり、会話と文法の中でその都度学ぶことも可能です。

Ⅱ．**会話と文法（第5課−第10課）**は、各課ごとに本文、発音・語彙、文法と表現、まとめ、イラスト単語帳の順となっています。

✍**本文**は、3人の学生**キャラクター**を設定し、**ストーリー性**をもたらせることでキャンパスライフのリアルさと親しみやすい会話を盛り込みました。

✍**発音・語彙**は、学習者ができるだけ早く慣れるように**ハングルとアルファベット両方の発音記号と発音規則**の説明をつけました。

✍**文法と表現**は、文法事項の理解にとどまらず、それを活用してミニ会話にまでつなげられるように**適切なシチュエーション**を設定しました。

✍**まとめ**は、文法事項の確認作業を行う**ワークシート**（まとめ1）、本文を応用した**会話練習**（まとめ2）、**単語練習帳**（まとめ3）を用意しました。

✍**イラスト単語帳**は、視覚的効果を活かし、本文のテーマとリンクされた単語をイラスト付き学ぶことが出来ます。

Ⅲ．**付録**には、**ハングル一覧表、パッチム、助詞、指示代名詞（省略形）、疑問詞、用言の活用、基本的な挨拶、教室でよく使われる表現**を載せ、文法事項のまとめに役立てるようにしました。

Ⅳ．**韓日・日韓索引**は、本書に出てきた単語をそれぞれㄱ,ㄴ,ㄷ順とあいうえお順で表しました。

　最後に、本書の出版に至るまで導いてくださった朝日出版社の山田 敏之さん、山中 亮子さんに厚くお礼を申し上げます。また、かわいいイラストを書いてくださった朴 志海さん、辛 ナラさん本当にありがとうございました。そして、本書の最初から最後まで深い愛情で見守ってくださった滝澤 東士さんに『おはよう韓国語1』の出版をもって感謝の気持ちをお伝えいたします。

2013年

著者　崔柄珠

目次

会話と文法

文字と発音

ハングルの構造と母音

第1課

韓国語の文字は、子音字母と母音字母を組み合わせて文字を表す。そして
その組み合わせ方は、1. 子音（初声）＋母音（中声）、2. 子音（初声）＋
母音（中声）＋子音（終声）のパターンに大きく分けることができる。

1. 子音（初声）＋母音（中声）

（1）ㅇ ＋ ㅗ ＝ 오 ：∅ ＋ 母音

初めの子音が無音の場合、「ㅇ」を書いてから母音字を書き表す。そうすることで子音と母音を合わせて一
文字であるという規則を守る。

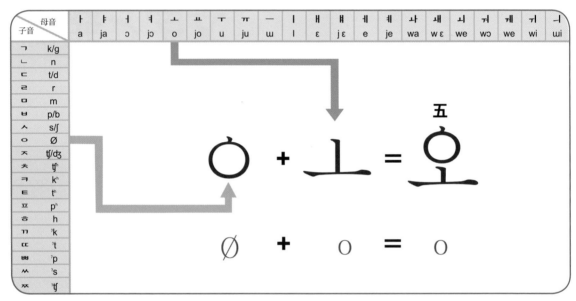

（2）ㅂ ＋ ㅣ ＝ 비 ：子音 ＋ 母音

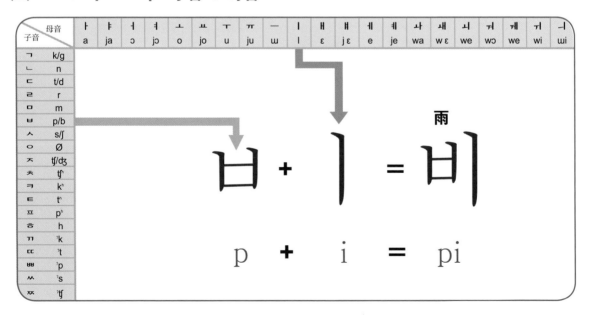

2. 子音（初声）＋母音（中声）＋子音（パッチム：終声）

文字の組み合わせにおいて最後に来る子音はパッチム（받침）と呼ばれ、初声と中声の下方に書く。

(1) ㄷ ＋ ㅗ ＋ <u>ㄴ</u> ＝ 돈：子音 ＋ 母音 ＋ <u>子音</u>

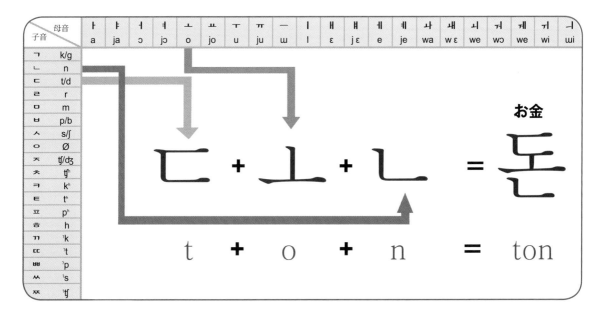

(2) ㅎ ＋ ㅡ ＋ <u>ㄺ</u> ＝ 흙：子音 ＋ 母音 ＋ <u>2 つのパッチム</u>

パッチムが 2 つある場合があるが、どちらかの子音しか読まない。これについては、「第 3 課パッチム」でより詳しく見ていくことにする。

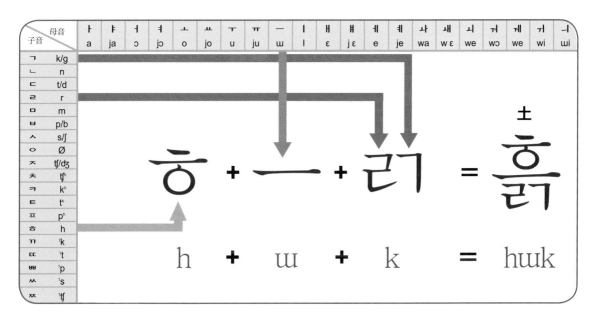

3. 母音

　日本語の単母音は5個であるが、韓国語の単母音は、8個である。その他、ここでは、重母音ヤ系（6個）、重母音ワ系（7個）を勉強する。

　母音の発音を表すには、最初に説明したように無音の子音字母である「○」を左または上につける。

（1）単母音

　単母音は、日本語の「ア、イ、ウ、エ、オ」に似たような母音である。

아	[a]	ア			日本語のアとほとんど同じである。
이	[i]	イ			日本語のイとほとんど同じである。
우	[u]	ウ			日本語のウより唇を突き出す。
으	[ɯ]				日本語のウより唇を横に引く。
에	[e]	エ			日本語のエとほとんど同じである。
애	[ɛ]				日本語のエより口を大きく開く。
오	[o]	オ			日本語のオより唇をすぼめる。
어	[ɔ]				日本語のオより唇を上下に大きく開く。

※ 最近「에, 애→［エ］」の発音の区別が無くなってきているが、文字は違うので要注意!!!
※ 発音のポイント　　①「으, 이」は、唇を横に引く。②「애」は、口を大きく開ける。

CD-4

（2）重母音ヤ行

日本語の「ヤ、ユ、ヨ」のように単母音の前に半母音［j］がついている（半母音［j］＋単母音）。

야	[ja]	ヤ		日本語のヤとほとんど同じである。
유	[ju]	ユ		唇を突き出しながらユと発音する。
요	[jo]	ヨ		唇を突き出しながらヨと発音する。
여	[jɔ]			日本語のヨから唇を上下に大きく開く。
예	[je]	イェ		日本語のイェとほとんど同じである。
애	[jɛ]			口を大きく開いてイェと発音する。

※「에,애」同様、「예,얘→［イェ］」の発音も区別が無くなってきているが、文字は違うので要注意!!!

※　発音のポイント　　①「아,야,어,여」は、口を大きく開く。

②「오,요,우,유」は、唇をすぼめる。

※　基本母音字

아 야 어 여 오 요 우 유 으 이

（3）重母音ワ行

日本語の「ワ」のように、単母音の前に半母音 ［w］ がついている（半母音 ［w］＋単母音）。

와	［ wa ］ ワ	ㅗ ＋ ㅏ ＝ ㅘ	와	唇を丸めてから**ワ**と発音する。
왜	［ wɛ ］ ウェ	ㅗ ＋ ㅐ ＝ ㅙ	왜	唇を丸めてから**ウェ**と発音する。
외	［ we ］ ウェ	ㅗ ＋ ㅣ ＝ ㅚ	외	唇を丸めてから**ウェ**と発音する。
워	［ wɔ ］ ウォ	ㅜ ＋ ㅓ ＝ ㅝ	워	唇を丸めてから**ウォ**と発音する。
웨	［ we ］ ウェ	ㅜ ＋ ㅔ ＝ ㅞ	웨	唇を丸めてから**ウェ**と発音する。
위	［ wi ］ ウィ	ㅜ ＋ ㅣ ＝ ㅟ	위	唇を突き出して**ウィ**と発音する。
의	［ ɰi ］ ウィ	ㅡ ＋ ㅣ ＝ ㅢ	의	**ウ**を発音してすぐ**イ**を発音する。

※「왜,외,웨 → ［ウェ］」の発音も区別が無くなってきているが、文字は違うので要注意 !!!

※ 発音のポイント　　①「와,왜,외,워,웨,위」は、唇を丸める。

　　　　　　　　　　②「의」は、唇を横に引く。

※「의」の発音

① 語頭　　　→ ［ ɰi ウィ］　　例：의료 (医療) ［**ウィ** リョ］

② 語頭以外　→ ［ i　イ ］　　例：예의 (礼儀) ［イェ **イ**］

③「～の」　→ ［ e　エ ］　　例：친구의 말 (友達の話) ［チング **エ** マ_ル］

14

CD-6

練習 1　基本母音を発音しながら書いてみましょう。

아 [a]	아				
야 [ja]	야				
어 [ɔ]	어				
여 [jɔ]	여				
오 [o]	오				
요 [jo]	요				
우 [u]	우				
유 [ju]	유				
으 [ɯ]	으				
이 [i]	이				

練習 2　合成母音を発音しながら書いてみましょう。

애 [ɛ]	애						
애 [jɛ]	애						
에 [e]	에						
예 [je]	예						
와 [wa]	와						
왜 [wɛ]	왜						
외 [we]	외						
워 [wɔ]	워						
웨 [we]	웨						
위 [wi]	위						
의 [ɰi]	의						

CD-8

| 練習 3 | 次の単語を発音しながら書いてみましょう。 | | |

①	오이 きゅうり	오이 [oi]		
②	우아 優雅	우아 [　　]		
③	위 上	위 [　　]		
④	예 はい	예 [　　]		
⑤	이유 理由	이유 [　　]		
⑥	우유 牛乳	우유 [　　]		
⑦	여우 狐	여우 [　　]		
⑧	예의 礼儀	예의 [　　]		
⑨	왜요？ なぜですか。	왜요？ [　　]		

子音

子音字母は、19 個である。子音は単独では存在せず母音と組み合わせて初めて音を発する文字となる。また、発声方法の違いにより平音、激音、濃音に分類できる。

1. 平音

ㄱ	[k / g]	① ㄱ↓	語頭ではカ行、語中ではガ行とほとんど同じである。
ㄴ	[n]	① ㄴ→	ナ行とほとんど同じである。
ㄷ	[t / d]	①② ㄷ→	語頭ではタ行、語中ではダ行とほとんど同じである。
ㄹ	[r / l]	①③ ㄹ↓	ラ行とほとんど同じである。
ㅁ	[m]	②① ㅁ ③→	マ行とほとんど同じである。
ㅂ	[p / b]	① ㅂ ③ ④	語頭ではパ行、語中ではバ行とほとんど同じである。
ㅅ	[s / ʃ]	① ㅅ ②	サ行とほとんど同じである。 [i] [j] の前では [ʃ] となる。
ㅇ	[ø]	① ㅇ↻	無音
ㅈ	[ʧ / ʤ]	① ㅈ ② ③	語頭ではチャ行、語中ではジャ行とほとんど同じである。

2. 激音

激音は、強く息を吐き出すように発音する。語頭でも語中でも濁らない。

ㅋ	[kʰ]		カ行の子音に**強い息**が加わる。
ㅌ	[tʰ]		タ行の子音に**強い息**が加わる。
ㅍ	[pʰ]		パ行の子音に**強い息**がを加わる。
ㅊ	[ʦʰ]		チャ行の子音に**強い息**が加わる。
ㅎ	[h]		ハ行の子音とほとんど同じである。

※　基本子音字の名前

ㄱ	ㄴ	ㄷ	ㄹ	ㅁ	ㅂ	ㅅ
기역	니은	디귿	리을	미음	비읍	시옷
キヨク	ニウン	ティグッ	リウル	ミウム	ピウプ	シオッ

ㅇ	ㅈ	ㅊ	ㅋ	ㅌ	ㅍ	ㅎ
이응	지읒	치읓	키읔	티읕	피읖	히읗
イウン	チウッ	チウッ	キウク	ティウッ	ピウプ	ヒウッ

3. 濃音

濃音は、喉を詰まらせるような感じで発音する。語頭でも語中でも濁らない。

ㄲ	[ˀk]	ㄱ + ㄱ = ㄲ	「サッカ 作家」のッカ。
ㄸ	[ˀt]	ㄷ + ㄷ = ㄸ	「バッタ 飛蝗」のッタ。
ㅃ	[ˀp]	ㅂ + ㅂ = ㅃ	「カッパ 河童」のッパ。
ㅆ	[ˀs]	ㅅ + ㅅ = ㅆ	「キッサ 喫茶」のッサ。
ㅉ	[ˀʧ]	ㅈ + ㅈ = ㅉ	「マッチャ 抹茶」のッチャ。

※ 濃音字の名前

「2つ」という意味の「쌍 サン（双）」を先頭につける。

ㄲ	ㄸ	ㅃ	ㅆ	ㅉ
쌍기역	쌍디귿	쌍비읍	쌍시옷	쌍지읒
サンギヨク	サンディグッ	サンビウプ	サンシオッ	サンジウッ

CD-9

練習1　子音と母音を組み合わせて、発音しながら書いてみましょう。

母 ／ 子	ㅏ [a]	ㅑ [ja]	ㅓ [ɔ]	ㅕ [jɔ]	ㅗ [o]	ㅛ [jo]	ㅜ [u]	ㅠ [ju]	ㅡ [ɯ]	ㅣ [i]
ㄱ [k/g]	가									
ㄴ [n]		냐								
ㄷ [t/d]			더							
ㄹ [r/l]				려						
ㅁ [m]					모					
ㅂ [p/b]						뵤				
ㅅ [s/ʃ]							수			
ㅇ [ø]								유		
ㅈ [tʃ/dʒ]									즈	

CD-10

母 / 子	ㅏ [a]	ㅑ [ja]	ㅓ [ɔ]	ㅕ [jɔ]	ㅗ [o]	ㅛ [jo]	ㅜ [u]	ㅠ [ju]	ㅡ [ɯ]	ㅣ [i]
ㅊ [ʧʰ]	차									
ㅋ [kʰ]		캬								
ㅌ [tʰ]			터							
ㅍ [pʰ]				펴						
ㅎ [h]					호					
ㄲ [ˀk]						꾜				
ㄸ [ˀt]							뚜			
ㅃ [ˀp]								쀼		
ㅆ [ˀs]									쓰	
ㅉ [ˀʧ]										찌

CD-11

子\母	ㅐ [ɛ]	ㅒ [jɛ]	ㅔ [e]	ㅖ [je]	ㅘ [wa]	ㅙ [wɛ]	ㅚ [we]	ㅝ [wɔ]	ㅞ [we]	ㅟ [wi]	ㅢ [ɰi]
ㄱ [k/g]	개										
ㄴ [n]		내									
ㄷ [t/d]			데								
ㄹ [r/l]				례							
ㅁ [m]					뫄						
ㅂ [p/b]						봬					
ㅅ [s/ʃ]							쇠				
ㅇ [ø]								워			
ㅈ [ʧ/ʤ]									줴		

母 / 子	ㅐ [ɛ]	ㅒ [jɛ]	ㅔ [e]	ㅖ [je]	ㅘ [wa]	ㅙ [wɛ]	ㅚ [we]	ㅝ [wɔ]	ㅞ [we]	ㅟ [wi]	ㅢ [ɰi]
ㅊ [ʧʰ]	채										
ㅋ [kʰ]		캐									
ㅌ [tʰ]			테								
ㅍ [pʰ]				폐							
ㅎ [h]					화						
ㄲ [ʔk]						꽤					
ㄸ [ʔt]							뙤				
ㅃ [ʔp]								뿨			
ㅆ [ʔs]									쒜		
ㅉ [ʔʧ]										쮜	

4. 平音・激音・濃音の発声

平音	口の前のティッシュペーパーが少し揺れる。	가 ka カ	다 ta タ	바 pa パ	사 sa サ	자 ʧa チャ
激音	口の前のティッシュペーパーが激しく揺れる。	카 kʰa カ	타 tʰa タ	파 pʰa パ	–	차 ʧʰa チャ
濃音	口の前のティッシュペーパーが全く揺れない。	까 ʔka ッカ	따 ʔta ッタ	빠 ʔpa ッパ	싸 ʔsa ッサ	짜 ʔʧa ッチャ

(1) 平音

가	다	바	사	자
ka/ga	ta/da	pa/ba	sa	ʧa/ʤa

有声音化

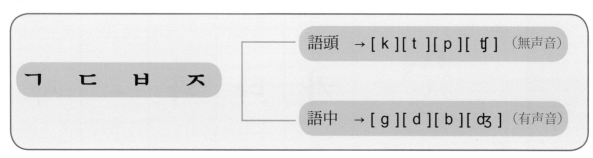

ㄱ ㄷ ㅂ ㅈ

語頭 → [k][t][p][ʧ] （無声音）

語中 → [g][d][b][ʤ] （有声音）

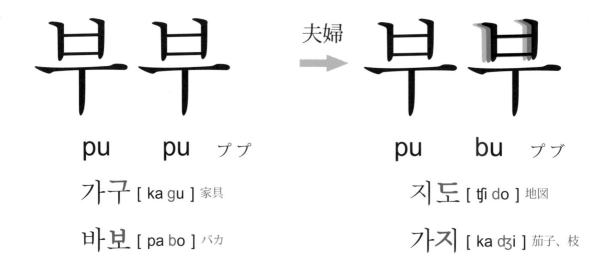

부부   夫婦→   부부

pu pu ププ   pu bu プブ

가구 [ka gu] 家具   지도 [ʧi do] 地図

바보 [pa bo] バカ   가지 [ka ʤi] 茄子、枝

26

CD-15

練習2　　次の単語を発音しながら書いてみましょう。

① 가수　歌手　가수　[ka su]

② 누구　誰　누구　[　　]

③ 구두　靴　구두　[　　]

④ 고구마　さつま芋　고구마　[　　]

⑤ 다리　橋、足　다리　[　　]

⑥ 다시　また　다시　[　　]

⑦ 도자기　陶磁器　도자기　[　　]

⑧ 두부　豆腐　두부　[　　]

⑨ 바다　海　바다　[　　]

⑩	**비누** 石鹸		비누 [　　　]	
⑪	**배** 梨、船、お腹		배 [　　　]	
⑫	**사과** リンゴ		사과 [　　　]	
⑬	**서비스** サービス		서비스 [　　　]	
⑭	**수도** 首都、水道		수도 [　　　]	
⑮	**아버지** お父さん		아버지 [　　　]	
⑯	**자리** 席		자리 [　　　]	
⑰	**주부** 主婦		주부 [　　　]	
⑱	**주사** 注射		주사 [　　　]	

(2) 激音

CD-17

카	타	파	–	차
k^ha	t^ha	p^ha		$t\!f^ha$

練習 3　次の単語を発音しながら書いてみましょう。

① **카피** コピー　　카피 [$k^ha\ p^hi$]

② **커피** コーヒー　　커피 [　　]

③ **코피** 鼻血　　코피 [　　]

④ **코트** コート　　코트 [　　]

⑤ **토마토** トマト　　토마토 [　　]

⑥ **사투리** 方言　　사투리 [　　]

⑦ **도토리** どんぐり　　도토리 [　　]

⑧	**버터** バター		버터 [ ]		
⑨	**피리** 笛		피리 [ ]		
⑩	**포도** ブドウ		포도 [ ]		
⑪	**파티** パーティー		파티 [ ]		
⑫	**차표** 切符	서울 ▶ 부산 ○○월 △△일 ×시 ○○행	차표 [ ]		
⑬	**초** ロウソク		초 [ ]		
⑭	**고추** 唐辛子		고추 [ ]		
⑮	**치마** スカート		치마 [ ]		
⑯	**치즈** チーズ		치즈 [ ]		

(3) 濃音

까	따	빠	싸	짜
ˀka	ˀta	ˀpa	ˀsa	ˀʧa

練習 4　次の単語を発音しながら書いてみましょう。

①	까치 カササギ		까치 [ˀka ʧʰi]	
②	코끼리 象		코끼리 [　　]	
③	꼬리 しっぽ		꼬리 [　　]	
④	보따리 ふろしき包み		보따리 [　　]	
⑤	띠 干支、帯	쥐, 소, 호랑 용, 뱀, 말 원숭이	띠 [　　]	
⑥	또 また	또 만나!	또 [　　]	
⑦	오빠 兄		오빠 [　　]	

CD-20

⑧ **뽀뽀** キス	뽀뽀 [ ]		
⑨ **뿌리** 根	뿌리 [ ]		
⑩ **예쁘다** きれいだ	예쁘다 [ ]		
⑪ **싸다** 安い	싸다 [ ]		
⑫ **비싸다** (値段が) 高い	비싸다 [ ]		
⑬ **아저씨** おじさん	아저씨 [ ]		
⑭ **짜다** 塩辛い、しょっぱい	짜다 [ ]		
⑮ **가짜** にせもの	가짜 [ ]		
⑯ **찌개** 鍋、チゲ	찌개 [ ]		

パッチム（받침）

第**3**課

柿　　　　　　　　　　　中

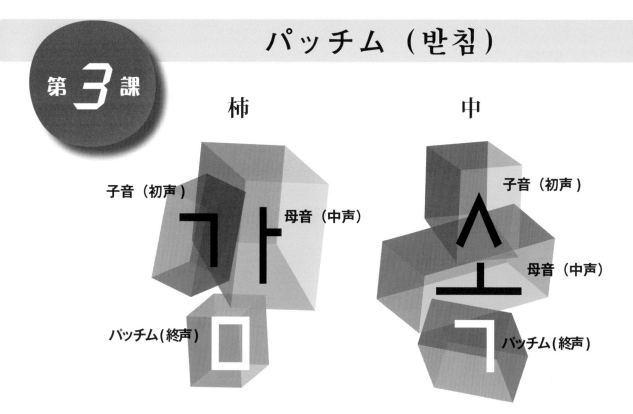

子音（初声）
母音（中声）
パッチム(終声)
子音（初声）
母音（中声）
パッチム(終声)

1. パッチムの種類

　パッチムは、子音と母音の後に来る子音（終声）のことを言う。「ㄸ, ㅃ, ㅉ」を除く 16 個の子音がパッチムとして使われ、2 つのパッチムを加えて延べ 27 個の形がある。しかし、**音は 7 つの代表音「ㄱ, ㄴ, ㄷ, ㄹ, ㅁ, ㅂ, ㅇ」のみで発音される。**

代表音			パッチム
ㄱ	[k]	ク	ㄱ　ㅋ　ㄲ　（ㄱㅅ　ㄹㄱ）
ㄴ	[n]	ン	ㄴ　（ㄴㅈ　ㄴㅎ）
ㄷ	[t]	ッ	ㄷ　ㅌ　ㅅ　ㅆ　ㅈ　ㅊ　ㅎ
ㄹ	[l]	ル	ㄹ　（ㄹㅂ　ㄹㅅ　ㄹㅌ　ㄹㅎ）
ㅁ	[m]	ム	ㅁ　（ㄹㅁ）
ㅂ	[p]	プ	ㅂ　ㅍ　（ㅂㅅ　ㄹㅍ　※ㄹㅂ）
ㅇ	[ŋ]	ン	ㅇ

※ 2 つのパッチム

　左の子音を読む「ㅂㅅ　ㄱㅅ　ㄴㅈ　ㄹㅅ　ㄹㅌ　ㄹㅂ　ㄴㅎ　ㄹㅎ」※ ㄹㅂ「밟다 踏む」のみ右を読む。

　右の子音を読む「ㄹㄱ　ㄹㅍ　ㄹㅁ」

2. 鼻音

　鼻音は「ㄴ，ㅁ，ㅇ」の３つの文字で表し、英語の［n，m，ŋ］の発音に似ている。日本人にはすべて「ン」に聞こえるが、意識していないだけで実際には３つとも日本語にも音が存在する。

　子音を表す「ㅇ」は無音であるが、パッチムの「ㅇ」には［ŋ］という音がある。

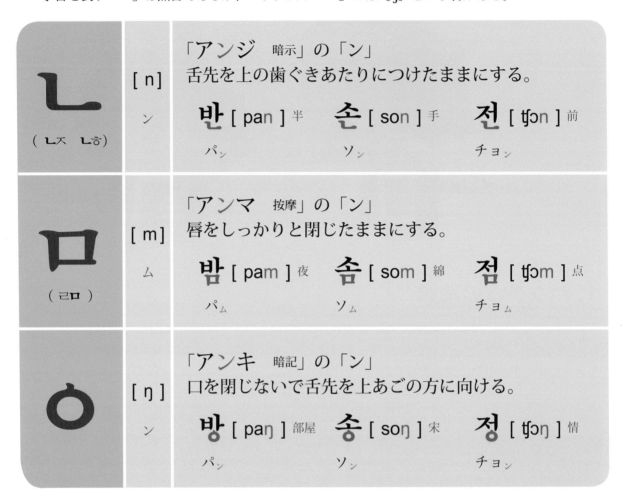

ㄴ (ㄴㅈ ㄴㅎ)	[n] ン	「アンジ　暗示」の「ン」 舌先を上の歯ぐきあたりにつけたままにする。 반 [pan] 半　손 [son] 手　전 [ʧʌn] 前 パン　　　　　ソン　　　　　チョン
ㅁ (ㄹㅁ)	[m] ム	「アンマ　按摩」の「ン」 唇をしっかりと閉じたままにする。 밤 [pam] 夜　솜 [som] 綿　점 [ʧʌm] 点 パム　　　　　ソム　　　　　チョム
ㅇ	[ŋ] ン	「アンキ　暗記」の「ン」 口を閉じないで舌先を上あごの方に向ける。 방 [paŋ] 部屋　송 [soŋ] 宋　정 [ʧʌŋ] 情 パン　　　　　ソン　　　　　チョン

3. 流音

　流音の「ㄹ」は、母音の前（初声）では英語の［r］、パッチムでは英語の［l］の発音と似ている。

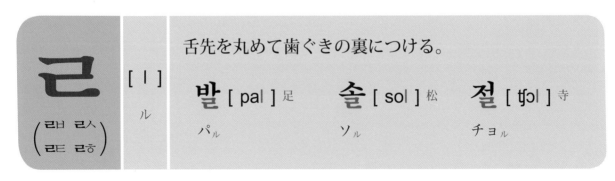

| ㄹ
(ㄹㅂ ㄹㅅ
ㄹㅌ ㄹㅎ) | [l]
ル | 舌先を丸めて歯ぐきの裏につける。
발 [pal] 足　솔 [sol] 松　절 [ʧʌl] 寺
パル　　　　　ソル　　　　　チョル |

練習1　次の単語を発音しながら書いてみましょう。

CD-22

① 주문 注文	주문 [tɕu mun]
② 혼자 一人	혼자 [ ]
③ 봄 春	봄 [ ]
④ 여름 夏	여름 [ ]
⑤ 사랑 愛	사랑 [ ]
⑥ 여행 旅行	여행 [ ]
⑦ 여동생 妹	여동생 [ ]
⑧ 얼굴 顔	얼굴 [ ]
⑨ 가을 秋	가을 [ ]

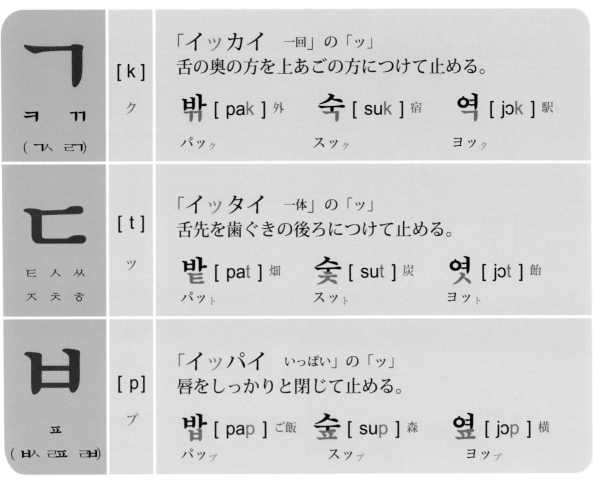

4. 口音

口音は、「ㄱ, ㅋ, ㄲ // ㄷ, ㅌ, ㅅ, ㅆ, ㅈ, ㅊ, ㅎ // ㅂ, ㅍ, ㅄ, ㄿ, ㄼ」の文字で表すが、音は［k、t、p］の3つだけである。口を構えるだけで実際には息を止めて音を出さない。日本人にはすべて「ッ」のようにつまった音に聞こえるが、これも鼻音と同様、日本語にも音が存在する。

ㄱ ㅋ ㄲ (ㄳ ㄺ)	[k] ク	「イッカイ 一回」の「ッ」 舌の奥の方を上あごの方につけて止める。 밖 [pak] 外 　숙 [suk] 宿 　역 [jɔk] 駅 パック 　　　　　スック 　　　　　ヨック
ㄷ ㅌ ㅅ ㅆ ㅈ ㅊ ㅎ	[t] ッ	「イッタイ 一体」の「ッ」 舌先を歯ぐきの後ろにつけて止める。 밭 [pat] 畑 　숯 [sut] 炭 　엿 [jot] 飴 パット 　　　　　スット 　　　　　ヨット
ㅂ ㅍ (ㅄ ㄿ ㄼ)	[p] プ	「イッパイ いっぱい」の「ッ」 唇をしっかりと閉じて止める。 밥 [pap] ご飯 　숲 [sup] 森 　옆 [jɔp] 横 パップ 　　　　　スップ 　　　　　ヨップ

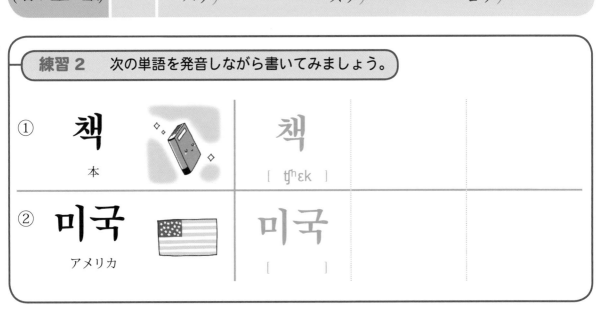

練習2 次の単語を発音しながら書いてみましょう。

① 책　　　　책
本　　　　[tʃʰɛk]

② 미국　　　미국
アメリカ　　[　　　]

36

③	**부엌** 台所		부엌 [　　　]	
④	**곧** すぐ		곧 [　　　]	
⑤	**맛** 味		맛 [　　　]	
⑥	**벚꽃** 桜		벚꽃 [　　　]	
⑦	**낮** 昼		낮 [　　　]	
⑧	**끝** 終わり		끝 [　　　]	
⑨	**수업** 授業		수업 [　　　]	
⑩	**집** 家		집 [　　　]	
⑪	**앞** 前		앞 [　　　]	

5. 日本語のハングル表記

長音は、表記しない。

撥音のンは、パッチムのㄴで表記する。

促音のッは、パッチムのㅅを表記する。

	オオサカ	オサカ		カトウ	가토
	グンマ	군마		ホンダ	혼다
	サッポロ	삿포로		ハットリ	핫토리

カナ	ハングル					
	語頭			語中・語末		
ア イ ウ エ オ	아 이 우 에 오			아 이 우 에 오		
カ キ ク ケ コ	가 기 구 게 고			카 키 쿠 케 코		
サ シ ス セ ソ	사 시 스 세 소			사 시 스 세 소		
タ チ ツ テ ト	다 지 쓰 데 도			타 치 쓰 테 토		
ナ ニ ヌ ネ ノ	나 니 누 네 노			나 니 누 네 노		
ハ ヒ フ ヘ ホ	하 히 후 헤 호			하 히 후 헤 호		
マ ミ ム メ モ	마 미 무 메 모			마 미 무 메 모		
ヤ イ ユ エ ヨ	야 이 유 에 요			야 이 유 에 요		
ラ リ ル レ ロ	라 리 루 레 로			라 리 루 레 로		
ワ ヲ	와 오			와 오		
ン				ㄴ		
ガ ギ グ ゲ ゴ	가 기 구 게 고			가 기 구 게 고		
ザ ジ ズ ゼ ゾ	자 지 즈 제 조			자 지 즈 제 조		
ダ ヂ ヅ デ ド	다 지 즈 데 도			다 지 즈 데 도		
バ ビ ブ ベ ボ	바 비 부 베 보			바 비 부 베 보		
パ ピ プ ペ ポ	파 피 푸 페 포			파 피 푸 페 포		
キャ キュ キョ	갸 규 교			캬 큐 쿄		
ギャ ギュ ギョ	갸 규 교			갸 규 교		
シャ シュ ショ	샤 슈 쇼			샤 슈 쇼		
ジャ ジュ ジョ	자 주 조			자 주 조		
チャ チュ チョ	자 주 조			차 추 초		
ニャ ニュ ニョ	냐 뉴 뇨			냐 뉴 뇨		
ヒャ ヒュ ヒョ	햐 휴 효			햐 휴 효		
ビャ ビュ ビョ	뱌 뷰 뵤			뱌 뷰 뵤		
ピャ ピュ ピョ	퍄 퓨 표			퍄 퓨 표		
ミャ ミュ ミョ	먀 뮤 묘			먀 뮤 묘		
リャ リュ リョ	랴 류 료			랴 류 료		

練習 3　　自分の氏名と出身地をハングルで書いてみましょう。

	日本語	ハングル
① 氏名		
② 出身地		

練習 4　　次の都道府県をハングルで書いてみましょう。

① 北海道 ホッカイドウ		⑪ 愛知 アイチ	
② 宮城 ミヤギ		⑫ 岐阜 ギフ	
③ 山形 ヤマガタ		⑬ 滋賀 シガ	
④ 栃木 トチギ		⑭ 京都 キョウト	
⑤ 群馬 グンマ		⑮ 鳥取 トットリ	
⑥ 埼玉 サイタマ		⑯ 香川 カガワ	
⑦ 東京 トウキョウ		⑰ 高知 コウチ	
⑧ 千葉 チバ		⑱ 大分 オオイタ	
⑨ 長野 ナガノ		⑲ 宮崎 ミヤザキ	
⑩ 静岡 シズオカ		⑳ 鹿児島 カゴシマ	

発音規則

第 **4** 課

ハングルは文字が連なると、ある音が異なる音に変化する場合が多い。それを「音韻の変化」というが、ここではその主な法則について勉強していきたい。この時、表記上のつづりはそのままで、発音のみが変わるので [　] の中に表すことにする。

CD-25

1. 連音化

> パッチム　　　+　　　ㅇ　　→　　パッチムがㅇに移る↗

단어 → 単語 → [다너]

tan ㄷ タン オ　　　　ta nㄷ タ ノ

독일 [**도길** to gil] ドイツ 　　　음악 [**으막** ɯ mak] 音楽

집이 [**지비** ʨi bi] 家が 　　　넓이 [**널비** nɔl bi] 広さ

パッチムが2つの場合、右側の方が移る。

> 例外　　パッチムㅇ　　+　　ㅇ　　→　　そのまま

종이 → 紙 → [종이]

ʨoŋ i チョン イ　　　　ʨoŋ i チョン イ

강아지 [**강아지** kaŋ a ʥi] 子犬　　　고양이 [**고양이** ko jaŋ i] 猫

40

CD-26

練習1　次の単語を発音通りに書いてみましょう。

| 국어 | 国語 | [구거 ku gɔ] | [구거] |

① **절약**　節約

② **잡음**　雑音

③ **꽃이**　花が

④ **잎이**　葉が

⑤ **밖에**　外に

⑥ **있어요**　あります

⑦ **중앙**　中央

⑧ **병아리**　ひよこ

⑨ **앉아요**　座ります

⑩ **읽어요**　読みます

2. ㅎの弱音化・無音化

パッチム

| ㄴ ㅁ ㅇ ㄹ + ㅎ | → | パッチムがㅎに移る↗ |

| ㅎ + ㅇ | → | ㅎ̶ |

전화　電話 → [저놔]

ʧɔn ɦwa チョンファ　　　ʧɔ (h)nwa チョヌァ

은혜　[으네] ɯ (h)ne 恩恵　　궁합 [궁압] kuŋ (h)ap 相性

「パッチムㅇ＋ㅇ＝そのまま」なので、
「ㅎ」がとれるだけで移らない。

좋아　良い → [조아]

ʧʰo ɦa チョハ　　　ʧʰo a チョア

놓아요 [노아요] no a jo 置きます　싫어요 [시러요] ʃi rɔ jo 嫌いです

「ㅎ」が脱落するので左側のパッチムが移る。

42

練習2	次の単語を発音通りに書いてみましょう。

변화	変化	[벼놔 pyɔ (h)nwa]	[벼놔]
① 만화	漫画		
② 문학	文学		
③ 결혼	結婚		
④ 말하다	話す		
⑤ 삼호선	3号線		
⑥ 심심하다	退屈だ		
⑦ 안녕히	お元気で		
⑧ 사랑해요	愛しています		
⑨ 좋아하다	好きだ		
⑩ 많아요	多いです		

3. 濃音化

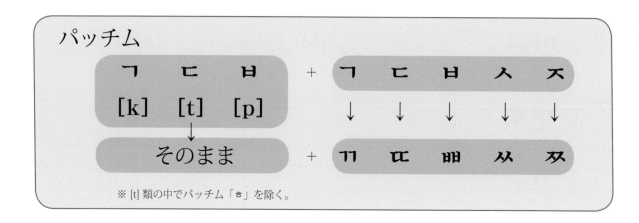

パッチム

ㄱ	ㄷ	ㅂ	+	ㄱ	ㄷ	ㅂ	ㅅ	ㅈ
[k]	[t]	[p]		↓	↓	↓	↓	↓

そのまま + ㄲ ㄸ ㅃ ㅆ ㅉ

※ [t] 類の中でパッチム「ㅎ」を除く。

학교 　学校　→ [학꾜]

hak kjo　ハクキョ　　　　hak ˀkjo　ハクキョ

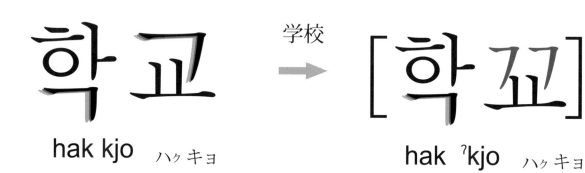

국가	[국까	kuk ˀka	]	国家、国歌
돋보기	[돋뽀기	tot ˀpo gi	]	虫眼鏡
입사	[입싸	ip ˀsa	]	入社
십자가	[십짜가	sip ˀʧa ga	]	十字架

CD-30

練習 3　次の単語を発音通りに書いてみましょう。

숙박	宿泊	[숙빡 suk ˀpak]	[숙빡]
① 합격	合格		
② 식당	食堂		
③ 학생	学生		
④ 엽서	葉書き		
⑤ 답장	返事		
⑥ 다섯달	5ヶ月		
⑦ 몇 시	何時		
⑧ 돌솥밥	石釜のご飯		
⑨ 덮개	蓋		
⑩ 없다	ない、いない		

4. 鼻音化

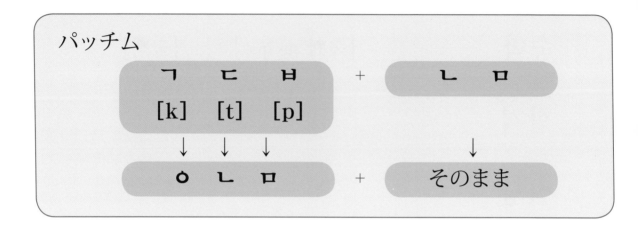

パッチム

ㄱ ㄷ ㅂ [k] [t] [p]	+	ㄴ ㄹ ㅁ
↓ ↓ ↓		↓
ㅇ ㄴ ㅁ	+	そのまま

작문 作文 → [장문]

ʧak mun チャㇰムン　　　　ʧaŋ mun チャンムン

ㄱ→ㅇ	학년	[항년	haŋ njɔn	]	学年
ㄷ→ㄴ	옛날	[옌날	jen nal	]	昔
	받는다	[반는다	pan nɯn da	]	受け取る
ㅂ→ㅁ	입니다	[임니다	im ni da	]	〜です

CD-32

| 練習 4 | 次の単語を発音通りに書いてみましょう。 |

| 십년 | 十年 | [심년 sim njɔn] | [심년] |

| ① 국물 | 汁 | | |

| ② 막내 | 末っ子 | | |

| ③ 한국말 | 韓国語 | | |

| ④ 거짓말 | 嘘 | | |

| ⑤ 몇 년 | 何年 | | |

| ⑥ 낱말 | 単語 | | |

| ⑦ 좋니？ | 良いの？ | | |

| ⑧ 합니다 | します | | |

| ⑨ 십만 | 十万 | | |

| ⑩ 앞머리 | 前髪 | | |

5. 激音化

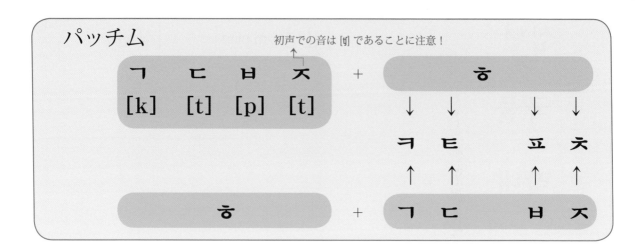

祝賀

축하 → [추카]

ʧhuk ha　チュクハ　　　　ʧhu kʰa　チュカ

입학 [이팍 i pʰak] 入学　　맞히다 [마치다 ma ʧʰi da] 当てる

良い

좋다 → [조태]

ʧot da　チョッタ　　　　ʧo tʰa　チョタ

이렇게 [이러케 i rɔ kʰe] このように　넣자 [너차 nɔ ʧʰa] 入れよう

48

CD-34

| 練習 5　次の単語を発音通りに書いてみましょう。 | | | |

役割			
역할	役割	[**여칼** yɔ kʰal]	[**여칼**]
① **국화**	菊		
② **맏형**	長兄		
③ **몇 해**	何年		
④ **급행**	急行		
⑤ **잊혀지다**	忘れられる		
⑥ **넓히다**	広げる		
⑦ **어떻게**	どのように		
⑧ **귀찮게**	わずらわしく		
⑨ **많다**	多い		
⑩ **옳지**	そうだ		

CD-35

6. 口蓋音化

パッチム	ㄷ ㅌ	+	이	→	なし	+	지 치

 一緒 →

kat i カティ　　　　　　　ka tɕʰi カチ

해돋이 [해도지 hɛ do ʥi] 日の出　　　끝이 [끄치 ʔkɯ tɕʰi] 終りが

練習 6　　次の単語を発音通りに書いてみましょう。

굳이	あえて	[구지 ku ʥi]	[구지]
① 미닫이	障子		
② 곧이	まっすぐに		
③ 밭이	畑が		
④ 붙이다	付ける、貼る		
⑤ 팥이	小豆が		

CD-36

7. 流音化

パッチム	ㄴ + ㄹ		
		→	ㄹ + ㄹ
	ㄹ + ㄴ		

연락 → [열락]

連絡

jɔn rak ヨンラㇰ　　jɔl lak ヨㇽラㇰ

근로 [글로 kɯl lo] 勤労　　물냉면 [물랭면 mul lɛŋ mjɔn] 水冷麺

練習 7　次の単語を発音通りに書いてみましょう。

천리	千里	[철리 ʦʰɔl li]	[철리]
① 신라	新羅		
② 편리	便利		
③ 설날	お正月		
④ 실내	室内		
⑤ 물놀이	水遊び		

8. 流音 ㄹ の鼻音化

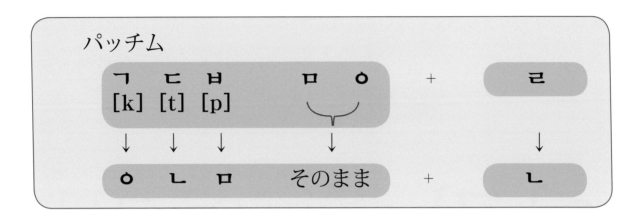

 심리 　心理　→ [심니]

sim ri　シムリ　　　　　sim ni　シムニ

ㄱ+ㄹ→ㅇ+ㄴ　　박력　**[방녁** baŋ njɔk]　迫力

ㄷ+ㄹ→ㄴ+ㄴ　　뒷렬　**[뒨녈** twin njɔl]　後列

ㅂ+ㄹ→ㅁ+ㄴ　　법률　**[범뉼** pɔm njul]　法律

ㅁ+ㄹ→ㅁ+ㄴ　　삼류　**[삼뉴** sam nju]　三流

ㅇ+ㄹ→ㅇ+ㄴ　　동료　**[동뇨** doŋ njo]　同僚

CD-38

練習 8　次の単語を発音通りに書いてみましょう。

식량	食糧	[싱냥 ʃiŋ njaŋ]	[싱냥]
① **독립**	独立		
② **국립**	国立		
③ **몇 리**	何里		
④ **젖량**	乳量		
⑤ **입력**	入力		
⑥ **협력**	協力		
⑦ **금리**	金利		
⑧ **점령**	占領		
⑨ **능력**	能力		
⑩ **상류**	上流		

9. ㄴの添加（合成語）

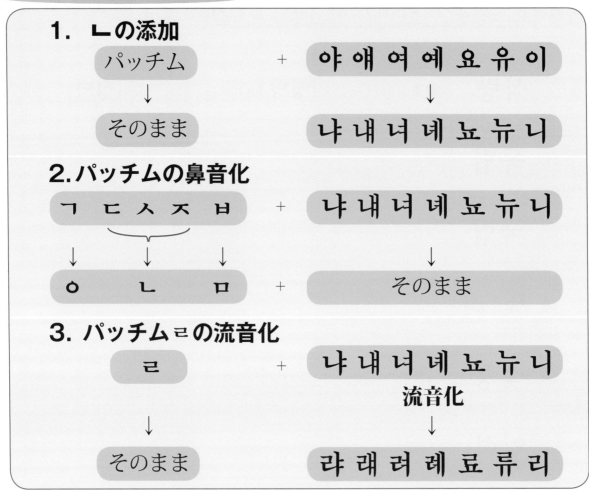

1. ㄴの添加

パッチム	+	야 애 여 예 요 유 이
↓		↓
そのまま		냐 내 녀 녜 뇨 뉴 니

2. パッチムの鼻音化

ㄱ ㄷ ㅅ ㅈ ㅂ	+	냐 내 녀 녜 뇨 뉴 니
↓ ↓ ↓		↓
ㅇ ㄴ ㅁ	+	そのまま

3. パッチムㄹの流音化

ㄹ	+	냐 내 녀 녜 뇨 뉴 니
		流音化
↓		↓
そのまま		랴 래 려 례 료 류 리

1. ㄴの添加：パッチム＋［i、j］系では、［ㅇ］が［ㄴ］

담요　毛布　→　[담뇨]

tam jo　タㇺヨ　　　　tam njo　タㇺ ニョ

무슨 요일　[무슨 뇨일 mu sɯn njo il]　何曜日

일본 야구　[일본 냐구 il bon nja gu]　日本野球

2. ㄴの添加：パッチムㄱ ㄷ ㅅ ㅈ ㅂの鼻音化

십육　十六　→　십뉵　→　[심뉵]

ʃip juk　　　　　ʃip njuk　　　　ʃim njuk

シプ ユク　　　　シプ ニュク　　　シム ニュク

한국 요리　　→　**한국 뇨리**　　→　**[한궁 뇨리]** 韓国料理
　　　　　　ㄴの添加　　　　　ㄱ→ㅇ　han guŋ njo ri

옛 이야기　　→　**옏 니야기**　　→　**[옌 니야기]** 昔話
　　　　　　ㄴの添加　　　　　ㄷ→ㄴ　yen ni ja gi

집 옆　　　→　**집 녑**　　　→　[**짐 녑**] 家の隣
　　　　　ㄴの添加　　　　　ㅂ→ㅁ　tʃim njɔp

3. ㄴの添加：パッチムㄹの流音化

볼일　用事　→　볼닐　→　[볼릴]

pol il　　　　　pol nil　　　　　pol lil

ポルイル　　　　ポルニル　　　　ポルリル

서울역　　　→　**서울녁**　　　→　[**서울력**] ソウル駅
　　　　　　ㄴの添加　　　　ㄹ+ㄴ→ㄹ+ㄹ　sɔ ul ljɔk

일일이　　　→　**일니리**　　　→　[**일리리**] いちいち
　　　　　　ㄴの添加　　　　ㄹ+ㄴ→ㄹ+ㄹ　il li ri

練習9 次の単語を発音通りに書いてみましょう。

| 한여름 | 真夏 | [한녀름 han njo rɯm] | [한녀름] |

---

① **일본 요리** 日本料理

---

② **무슨 일** 何のこと
何の仕事

---

③ **하는 일** 仕事

---

④ **식용유** 食用油

---

⑤ **나뭇잎** 木の葉

---

⑥ **낮 일** 昼の仕事

---

⑦ **수입 약** 輸入薬

---

⑧ **열 여덟** 18

---

⑨ **별 일** 変わったこと

---

⑩ **할 예정** する予定

강은지 (姜 恩知)

韓国から来た日本語学科の留学生。かわいいけどおっちょこちょいな女子大生。

会話と文法

김민수 (金 珉秀)

韓国から来た優しくておしゃれな写真学専攻の大学院生。

滝川 広 (다키가와 히로)

経済学科。真面目でかつ几帳面。韓国大好きの日本人大学生。

第 5 課　저는 다키가와 히로입니다 .

CD-42

新入生のオリエンテーションで

히로	**안녕하십니까?**
	저는 다키가와 히로입니다.
은지	**예, 안녕하세요? 강 은지예요.**
히로	**은지 씨는 유학생입니까?**
은지	**예. 전공은 일본어예요.**
	히로 씨 전공은 뭐예요?
히로	**제 전공은 경제입니다.**

発音・語彙

(基)：基本形

안녕하십니까 ? [안녕아심니까 an njɔŋ (h)a ʃim ni ʔka] *鼻音化：ㅂ＋ㄴ→ㅁ＋ㄴ	朝・昼・晩共通の挨拶 （おはよう、こんにちは、こんばんは）。 直訳すると「安寧でいらっしゃいますか」で「안 녕하세요 ?」よりかしこまった表現。
저 [tʃɔ]	私
은 / 는 [ɯn / nɯn]	〜は 主題を表す助詞。　　　　　　　　　　【文法1】
입니다 [임니다 im ni da] *鼻音化：ㅂ＋ㄴ→ㅁ＋ㄴ	〜です　　　　　　　　　　(基) 이다（〜だ） 丁寧でかしこまった表現。　　　　　　【文法2】
예 [je]	はい 「네」より柔らかい言葉。
안녕하세요 ? [안녕아세요 an njɔŋ (h)a se jo]	「안녕하십니까 ?」より親しみやすい表現。
이에요 / 예요 [i e jo / e jo]	〜です 「입니다」よりうちとけた表現。　　　【文法3】
씨 [ʔʃi]	さん、氏
유학생 [유학쨍 ju hak ʔsɛŋ] 留學生 *濃音化：ㄱ＋ㅅ＝ㄱ＋ㅆ	留学生
입니까 ? [임니까 im ni ʔka] *鼻音化：ㅂ＋ㄴ→ㅁ＋ㄴ	〜ですか 　　　　　　　　　　　　　　　　【文法2】
전공 [tʃɔn goŋ]	専攻
일본어 [일보너 il bo nɔ] *連音化：ㄴ＋ㅇ＝↗ㄴ	日本語
뭐 [mwɔ]	何 「무엇」の略語。 「뭐」は話し言葉でよく用いられ、名前や内容を 知らない時や不確定なことを指して言う疑問詞 （付録5）。
제 [tʃe]	私の 나私　　저私　　너おまえ＋의（の）は縮約形になる。 ↓　　　　↓　　　　↓ 내私の 제私の 네おまえの
경제 [kjɔŋ dʒe] 經濟	経済

※名詞＋**의** 〜の
　所有や関係などを表す助詞として表記とは異なり通常「에ㅔ」と発音される。
　位置を表す単語（앞前 뒤後 좌左 우右 상上 하下）の前では一般的に省略される。

文法と表現

---

1. 名詞＋은 / 는　　　　　　～は　　　　　　　　〔助詞〕

2. 名詞＋입니다 / 입니까 ?　～です / ですか　〔名詞文・**합니다体**〕

3. 名詞＋이에요 / 예요　　　～です　　　　　　　〔名詞文・**해요体**〕

---

1. 名詞＋은 / 는　　　　　　～は　　　　　　　　　　〔助詞〕

❖ 主題を表す助詞。
❖ 名詞の最後の文字がパッチム有りの場合「은」、パッチム無しの場合は「는」となる。

名詞 パッチム有 ＋ **은**	고향은	故郷は
名詞 パッチム無 ＋ **는**	학교는	学校は

2. 名詞＋입니다 / 입니까 ?　　～です / ですか　〔名詞文・**합니다体**〕

❖「입니다」は、日本語の「～です」のような丁寧でかしこまった表現。
❖「입니다」を疑問文にするには、**最後の「다」を「까」に置き換えて文末に「?」**をつける。
❖ 名詞の後にそのままつく。

平叙文

名詞 ＋ **입니다 .**	강 은지입니다 .	姜 恩知です。

疑問文

名詞 ＋ **입니까 ?**	유학생입니까 ?	留学生ですか。

表現 1 自己紹介してみましょう。

A: 저 (은 / 는) 다키가와 히로입니다.

B: 저 (은 / 는) 강 은지입니다.

例　A: 다키가와 히로　B: 강 은지

① 　A B: 自分の名前

② 　A B: 自分の国籍

③ 　A B: 自分の専攻

> ※ 国籍
> 일본 사람　日本人
> 한국 사람　韓国人
> 중국 사람　中国人

3. 名詞＋이에요 / 예요　　　～です　　　〔名詞文・해요体〕

❖ 「입니다」よりうちとけた丁寧な表現。
❖ 名詞の**最後の文字がパッチム有り**の場合「이에요」、パッチム無しの場合は「예요」となる。
❖ 疑問文は文末に「?」をつける。

平叙文

| 名詞 パッチム有 + **이에요.** | 학생이에요. | 学生です。 |
| 名詞 パッチム無 + **예요.** | 가수예요. | 歌手です。 |

疑問文

| 名詞 パッチム有 + **이에요?** | 한국이에요? | 韓国ですか。 |
| 名詞 パッチム無 + **예요?** | 뭐예요? | 何ですか。 |

表現2 お互いに質問してみましょう。

例　A: 히로씨 전공 , 뭐

① 　A: (相手の名前) 씨 전공 , 뭐

② 　A: (相手の名前) 씨 집 , 어디

③ 　A: (相手の名前) 씨 학교 , 어디

집	家
어디	どこ
학교	学校
대학교	大学 (校)

1. 次の（ ）の中に「은 / 는」を入れてみましょう。

俳優は	배우（　　　　）		日本語は	일본어（　　　　　）	
故郷は	고향（　　　　）		韓国語は	한국어（　　　　　）	
趣味は	취미（　　　　）		留学生は	유학생（　　　　　）	
専攻は	전공（　　　　）		先生は	선생님（　　　　　）	
名前は	이름（　　　　）		コンビニは	편의점（　　　　　）	

2. 例のように与えられた単語を入れて文を作ってみましょう。

> 야마다 씨 山田さん / 학생 学生 　→　 야마다 씨는 학생입니다.

(1) 저 私 / 일본 사람 日本人

→ ....

(2) 오빠 お兄さん / 회사원 会社員

→ ....

(3) 고베 神戸 / 항구 도시 港町

→ ....

(4) 최 선생님 崔（チェ）先生 / 미인 美人

→ ....

(5) 제 전공 私の専攻 / 수학 数学

→ ....

3. 次の文を韓国語に訳しましょう（해요体）。

(1) 私は大学生です。

→
....

(2) 私の専攻は音楽です。

→
....

(3) 私の故郷は沖縄です。

→
....

(4) お母さんは主婦ですか。

→
....

(5) お父さんは教師ですか。

→
....

음악	音楽
오키나와	沖縄
어머니	お母さん
주부	主婦
아버지	お父さん
교사	教師

1. 会話文を日本語に訳してみましょう。

히로 **안녕하십니까?**

....

저는 ①다키가와 히로입니다.

....

은지 **예, 안녕하세요? ②강 은지예요.**

....

히로 **②은지 씨는 ③유학생입니까?**

....

은지 **예. 전공은 ④일본어예요.**

....

①히로 씨 전공은 뭐예요?

....

히로 **제 전공은 ⑤경제입니다.**

....

2. 上記の①から⑤を入れ替えて話してみましょう。

① ②　　自分の名前
③　　　大学생 大学生
④ ⑤　　自分の専攻

안녕하십니까 ? こんにちは				
저 私				
은 / 는 〜は				
입니다 〜です				
입니까 ? 〜ですか。				
네 / 예 はい				
안녕하세요 ? こんにちは				
이에요 / 예요 〜です				
씨 さん、氏				
유학생 留学生				
전공 専攻				
일본어 日本語				
무엇 (뭐) 何、なに				
제 私の				
경제 経済				

1 専攻（전공） CD-45

문학　文学

법률　法律

의학　医学

경제　経済

수학　数学

교육　教育

농학　農学

체육　体育

연극　演劇

영상　映像

음악　音楽

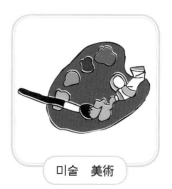

미술　美術

 남자 친구가 아니에요 .

大学のキャンパスで

히로   은지 씨, 오래간만입니다.

남자 친구입니까?

은지   아뇨, 남자 친구가 아니에요.

민수   안녕하세요?

은지 동아리 선배 김민수입니다.

히로   저는 다키가와 히로입니다.

민수 씨도 일본어가 전공입니까?

민수   일본어 전공이 아닙니다. 사진입니다.

発音・語彙

連音化・鼻音化　오래간**만입**니다.

[마님 ma nim]

㊎：基本形

오래간만 [o rɛ gan man]	久しぶり
남자 [nam dʒa] 男子	男
친구 [tʃʰin gu] 親舊	友達
남자 친구 [nam dʒa tʃʰin gu]	ボーイフレンド 彼氏の場合もあり、ただの友達の場合もある。ガールフレンドは「여자 친구」。最近は「남자 친구」は「남친」、「여자 친구」は「여친」とも言う。
아뇨 [a njo]	いいえ 「아니요」の略語。
이 / 가 [i / ga]	～が　　　　　　　　　　　【文法1】
아닙니다 [아님니다 a nim ni da] ＊鼻音化：ㅂ＋ㄴ＝ㅁ＋ㄴ	違います　　　　　㊎ 아니다 (違う) 丁寧でかしこまった表現。　　　【文法2】
아니에요 [a ni e jo]	違います　　　　　㊎ 아니다 (違う) 「아닙니다」よりうちとけた表現。【文法2】
동아리 [toŋ a ri]	サークル、同好会
선배 [sɔn bɛ]	先輩 後輩は「후배」
도 [to]	～も 語中での発音は [do]。　　　　【文法3】
사진 [sa dʒin] 寫眞	写真

文法と表現

> 1. 名詞＋이／가　　　　　　　　〜が　　　　　〔助詞〕
>
> 2. 名詞＋이／가 아니다　　　　〜ではない　　〔名詞文・否定〕
>
> 3. 名詞＋도　　　　　　　　　　〜も　　　　　〔助詞〕

1. 名詞＋이／가　　　　　　　　〜が　　　　　〔助詞〕

❖ 主語を表す助詞。

❖ 名詞の**最後の文字**がパッチム有りの場合「**이**」、パッチム無しの場合は「**가**」となる。

❖ 初めて取り上げられる話題の疑問文については、「은／는（〜は）」ではなく「이／가（〜が）」を
　用いる。

　　例　　　　故郷はどこですか。　　　　　고향이 어디예요 ?
　　　　　　　学校はどこですか。　　　　　학교가 어디예요 ?

> 名詞 パッチム有 ＋ 이　　사진이　　　　写真が
>
> 名詞 パッチム無 ＋ 가　　친구가　　　　友達が

2. 名詞＋이／가 아니다　　　　〜ではない　　〔名詞文・否定〕

❖ 名詞の後につけて「〜ではない」という否定文になる。

❖「입니다」の否定形「이／가 아닙니다」は、名詞の**最後の文字**がパッチム有りの場合
　「**이 아닙니다**」、パッチム無しの場合は「**가 아닙니다**」となる。

❖ 疑問文は最後の「다」を「까」に置き換えて文末に「?」をつけて「이／가 아닙니까 ?」となる。

❖ うちとけた表現「이에요／예요」の否定形は、名詞の**最後の文字**がパッチム有りの場合
　「**이 아니에요**」、パッチム無しの場合は「**가 아니에요**」になる。

❖「이／가 아니에요」を疑問文にするには文末に「?」をつける。

平叙文

名詞 パッチム有 + **이 아닙니다 ./ 이 아니에요 .**
　　　　　　학생이 아닙니다 ./ 학생이 아니에요 .
　　　　学生ではありません

名詞 パッチム無 + **가 아닙니다 ./ 가 아니에요 .**
　　　　　　의사가 아닙니다 ./ 의사가 아니에요 .
　　　　医者ではありません。

疑問文

名詞 パッチム有 + **이 아닙니까 ?/ 이 아니에요 ?**
　　　　　　전공이 아닙니까 ?/ 전공이 아니에요 ?
　　　　専攻ではありませんか。

名詞 パッチム無 + **가 아닙니까 ? / 가 아니에요 ?**
　　　　　　친구가 아닙니까 ?/ 친구가 아니에요 ?
　　　　友達ではありませんか。

表現 1　否定文を入れて職業について話してみましょう。　　CD-47

A: 회사원입니까 ?　　B: 아뇨 , 회사원 (이 / 가) 아닙니다 . 프리터입니다 .

例

회사원×

프리터○

①

의사×

간호사○

②

사장님×

비서○

③

변호사×

기자○

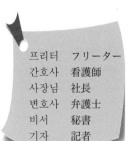

프리터	フリーター
간호사	看護師
사장님	社長
변호사	弁護士
비서	秘書
기자	記者

3. 名詞＋도　　　　　　　〜も　　　　〔助詞〕

❖ 名詞の後にそのままつく。

名詞 ＋ 도　　　　　저도　　　　　私も

表現2　「 도 」と否定文を入れて職業について話してみましょう。

A: 이토 씨도 교사예요 ?

B: 아뇨 , 교사 (이 / 가) 아니에요 .
약사예요 .

例　이토 씨 (伊藤さん)

교사✕　　　　약사○

① 야마다 씨 (山田さん)

농구 선수✕　　　배구 선수○

② 후쿠다 씨 (福田さん)

의사✕　　　　요리사○

③ 여자 친구 (彼女)

미용사✕　　　디자이너○

약사　　　薬剤師
농구　　　バスケットボール
선수　　　選手
배구　　　バレーボール
요리사　　調理師
미용사　　美容師
디자이너　デザイナー

1. 次の（ ）の中に「이 / 가」を入れてみましょう。

愛が	사랑（　　　　　）	教科書が	교과서（　　　　　）
電話が	전화（　　　　　）	会社員が	회사원（　　　　　）
お土産が	선물（　　　　　）	母が	어머니（　　　　　）
学生が	학생（　　　　　）	日本語が	일본어（　　　　　）
友達が	친구（　　　　　）	図書館が	도서관（　　　　　）

2. 例のように与えられた単語を使って「이 / 가 아닙니다」を入れてみましょう。

미남 美男 → 미남**이 아닙니다**.

(1) 컴퓨터　コンピューター

→ ....

(2) 사이토 씨 스마트 폰　斉藤さんのスマートフォン

→ ....

(3) 우리 학교　私（私たち）の学校

→ ....

(4) 제 친구　私の友だち

→ ....

(5) 우체국　郵便局

→ ....

3. 次の文を韓国語に訳しましょう（해요体）。

(1) こんにちは、お久しぶりです。

→
....

(2) 私は韓国人ではありません。日本人です。

→
....

(3) 加藤さんも法律が専攻ですか。

→
....

(4) いいえ、私は美術が専攻です。

→
....

(5) 友だちではありません。サークルの後輩です。

→
....

1. 会話文を日本語に訳してみましょう。

히로 **은지 씨, 오래간만입니다.**

....

①남자 친구입니까?

....

은지 **아뇨, ①남자 친구가 아니에요.**

....

민수 **안녕하세요? ②은지 동아리 선배 김민수입니다.**

....

히로 **저는 다키가와 히로 입니다.**

....

민수 씨도 ③일본어가 전공입니까?

....

민수 **③일본어 전공이 아닙니다. ④사진입니다.**

....

2. 上記の①から④を入れ替えて話してみましょう。

① 대학 선배　　大学の先輩
② 은지 오빠　　ウンジの兄
③ 법률　　　　法律 (법률→법뉼→ [범뉼 pɔm njul])
④ 연극　　　　演劇

오래간만 久しぶり				
남자 친구 ボーイフレンド				
아뇨 いいえ				
아니에요 違います				
아닙니다 違います				
동아리 サークル				
선배 / 후배 先輩 / 後輩				
도 〜も				
사진 写真				

2 職業（직업） CD-49

경찰관　警察官

변호사　弁護士

교사　教師

공무원　公務員

의사　医者

미용사　美容師

간호사　看護師

기자　記者

통역사　通訳

약사　薬剤師

회사원　会社員

요리사　調理師

第 7 課　축구를 좋아합니다 .

図書館で

민수　히로 씨는 취미가 무엇입니까?

히로　게임입니다.

　　　PC 방에서 온라인 게임을 합니다.

민수　네! 제 취미는 축구입니다.

히로　저도 축구를 좋아합니다 .

　　　그럼 , 이번에 같이 어떻습니까 ?

민수　저는 축구를 하지 않습니다.

　　　집에서 텔레비전으로 봅니다.

発音・語彙

連音化・鼻音化　　무엇입니까？
[어심ⁿ ʃim]

濃音化・連音化　　게임을
[께이믈 ʔke i mɯl]

취미 [tʃʰwi mi]	趣味
무엇 [mu ɔt]	何
게임 [께임 ʔke im] *外来語の濃音化：g ＝ ㄱ→ㄲ	ゲーム 外来語の「g d b j」は、「ㄱ ㄷ ㅂ ㅈ」と表記するが、発音では「ㄲ ㄸ ㅃ ㅉ」になる。
PC 방 [pc baŋ]	ネットカフェ PC(personal computer) ＋방（部屋）
에서 [e sɔ]	場所「〜で」、出発点「〜から」　　【文法 2-1】
온라인 [올라인 ol la in] *流音化：ㄴ＋ㄹ＝ㄹ＋ㄹ	オンライン [올라인 ol la in]、[온나인 on na in] とも発音できるが、前者が一般的である。
을 / 를 [ɯl/ rɯl]	〜を　　【文法 2-2】
합니다 [함니다 ham ni da] *鼻音化：ㅂ＋ㄴ＝ㅁ＋ㄴ	します　　　　　　　　　　　　　　基 하다（する） 丁寧でかしこまった表現。　　【文法 1】
축구 [축꾸 tʃʰuk ʔku] *濃音化：ㄱ＋ㄱ＝ㄱ＋ㄲ	サッカー
좋아합니다 [조아함니다 tʃo a ham ni da] *ㅎの無音化：ㅎ＋ㅇ＝ㅎ̸＋ㅇ *鼻音化：ㅂ＋ㄴ＝ㅁ＋ㄴ	好きです　　　　　　　　　　　　基 좋아하다（好きだ） ※助詞は「을 / 를」を使う。 　 을 / 를 좋아하다（〜が好きだ）　　【文法 1】
그럼 [kɯ rɔm]	それでは
이번 [i bɔn]	今度
에 [e]	〜に　　【文法 2-3】
같이 [가치 ka tʃʰi] *口蓋音化：ㅌ＋이＝ㅌ̸＋치	一緒に
어떻습니까？ [어떧씀니까 ɔ ʔtɔt ʔsɯm ni ʔka] *ㅎの濃音化：ㅎ＋ㅅ＝ㄷ（ㅎの代表音）＋ㅆ *鼻音化：ㅂ＋ㄴ＝ㅁ＋ㄴ	どうですか。いかがですか。 　　　　　　　　　　　基 어떻다（どうだ）ㅎ変則 パッチム「ㅎ ㄶ ㅀ」＋「ㅅ」は、それぞれの代表音である「ㄷ ㄴ ㄹ」＋「ㅆ」になる。　【文法 1】
지 않습니다 [지 안씀니다 dʒi an ʔsɯm ni da] *ㄶの濃音化：ㄶ＋ㅅ＝ㄴ（ㄶの代表音）＋ㅆ *鼻音化：ㅂ＋ㄴ＝ㅁ＋ㄴ	〜ません、〜くないです、〜ではないです 　　　　　　　　　　　　　　　　　【文法 3】
집 [tʃip]	家
텔레비전 [tʰel le bi dʒɔn]	テレビ
으로 / 로 [ɯ ro / ro]	手段「〜で」、方向「〜へ」　　【文法 2-4】
봅니다 [봄니다 pom ni da] *鼻音化：ㅂ＋ㄴ＝ㅁ＋ㄴ	見ます　　　　　　　　　　　　　基 보다（見る） 　　　　　　　　　　　　　　　　　【文法 1】

文法と表現

---

1. 用言＋습니다 / ㅂ니다　　〜です・ます　　〔用言文・**합니다**体〕

2. 助詞　2-1 名詞＋에서　　〜で、〜から　　〔場所・出発〕

　　　　2-2 名詞＋을 / 를　　〜を　　〔目的〕

　　　　2-3 名詞＋에　　〜に、〜へ　　〔時間・空間〕

　　　　2-4 名詞＋으로 / 로　〜で、〜へ、〜に　〔手段・方向〕

3. 用言＋지 않다　　〜ない　　〔用言文・否定〕

---

1. 用言＋습니다 / ㅂ니다　　〜です・ます　　〔用言文・**합니다**体〕

❖ 用言には、動詞、形容詞、存在詞、指定詞の 4 種類がある。

❖ 韓国語の用言の基本形は、すべて「**다**」の形で終わる。

❖ 用言の「다」を除いた部分を語幹、基本形を作る「다」を語尾と呼ぶ。

用言	基本形		語幹	語尾
動詞	가다　行く	-------▶	가	다
	먹다　食べる	-------▶	먹	다
形容詞	예쁘다　きれいだ	-------▶	예쁘	다
	많다　多い	-------▶	많	다
存在詞	있다　ある・いる	-------▶	있	다
	없다　ない・いない	-------▶	없	다
指定詞	이다　〜だ	-------▶	이	다
	아니다　〜でない	-------▶	아니	다

❖ 用言は基本形のまま使うのではなく語尾の「다」の代わりに様々な別の語尾をつけて用いる。

❖ 用言の丁寧形の作り方は、語尾の **「다」** の前の語幹がパッチム有りの場合 **「습니다」**、パッチム無しとパッチムㄹ(脱落)の場合は **「ㅂ니다」** をつける。

❖ 疑問文は、語尾の **「다」** の前の語幹がパッチム有りの場合 **「습니까?」**、パッチム無しとパッチムㄹ(脱落)の場合は **「ㅂ니까?」** をつける。

平叙文

| 語幹 パッチム有 | +습니다. |

웃다 笑う 웃 + 습니다 → 웃습니다. 笑います。

| 語幹 パッチム無 | |
| 語幹 パッチムㄹ(脱) | + ㅂ니다. |

가다 行く 가 + ㅂ니다 → 갑니다. 行きます。

놀다 遊ぶ 놀 + ㅂ니다 → 놉니다. 遊びます。

疑問文

| 語幹 パッチム有 | +습니까? |

웃다 笑う 웃 + 습니까 → 웃습니까? 笑いますか。

| 語幹 パッチム無 | |
| 語幹 パッチムㄹ(脱) | + ㅂ니까? |

가다 行く 가 + ㅂ니까 → 갑니까? 行きますか。

놀다 遊ぶ 놀 + ㅂ니까 → 놉니까? 遊びますか。

---

2. 助詞

2-1 名詞＋에서   ～で、～から   〔場所・出発〕

❖ 動作が行われる場所を示す「～で」と場所の出発点を示す「～から」がある。

❖ 名詞の後にそのままつく。

名詞 + 에서 대학에서 공부합니다. 大学で勉強します。〔場所〕

긴자에서 출발합니다. 銀座から出発します。〔出発〕

2-2　名詞＋을 / 를　　　　〜を　　　　〔目的〕

❖ 動作の目的を表す助詞。

❖ 名詞の**最後**の文字が**パッチム有りの場合「을」、パッチム無しの場合は「를」**となる。

❖ ただし、「〜に乗る」、「〜に会う」、「〜が好きだ」などの場合は、韓国語では「〜に」や「〜が」ではなく「〜を」を用い、「**을 / 를 타다**」、「**을 / 를 만나다**」、「**을 / 를 좋아하다**」になるので要注意 !!!

> 名詞 パッチム有 ＋ 을　게임을 합니다 .　ゲームをします。
> 名詞 パッチム無 ＋ 를　축구를 합니다 .　サッカーをします。

CD-51

表現 1　今何をしているか話してみましょう。

A: 지금 뭐 합니까 ?

B: 카페에서 커피 (을 /를) (습니다 / 마십니다).

例　B: 카페 , 커피 , 마시다

① B: 집 , 샤워 , 하다

② B: 지하철 , 신문 , 읽다

③ B: 수업 , 모형 , 만들다

카페	カフェ
커피	コーヒー
마시다	飲む
샤워	シャワー
지하철	地下鉄
신문	新聞
읽다	読む
수업	授業
모형	模型
만들다	作る

2-3　名詞＋에　　　　　　　　～に、～へ　　　　〔時間・空間〕

❖ 時間的、空間的な位置などを示す助詞である。

❖ 名詞の後にそのままつく。

❖ 「에는（～には）」は、「에（～に）」と「는（～は）」を組み合わせた助詞である。

名詞 + 에	주말에 만납니다.	週末に会います。	〔時間〕
	서점에 갑니다.	書店に行きます。	〔空間〕

2-4　名詞＋으로 / 로　　　　～で、～へ、～に　　〔手段・方向〕

❖ 動作の手段、方法、道具を表す「～で」と方向を示す「～へ、～に」を意味する助詞である。

❖ 他には、原因、資格、行動の結果、限定された時間を表す「～として」「～に」「～と」としても用いられる。

❖ 名詞の最後の文字にパッチム有りの場合「으로」、パッチム無しとパッチムㄹの後では「로」がつく。

名詞 パッチム有 + 으로

　　　텔레비전으로 봅니다.　　　テレビで見ます。　　〔手段〕

名詞 パッチム無 + 로

　　　버스로 갑니다.　　　バスで行きます。　　〔手段〕

名詞 パッチムㄹ + 로

　　　서울로 갑니다.　　　ソウルへ行きます。　　〔方向〕

CD-52

表現 2　週末に何をするのか話してみましょう。

A:　이번 주말에 뭐 합니까 ?

B:　오이 (으로 / 로) 마사지를 합니다 .

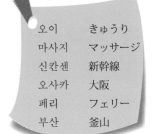

오이	きゅうり
마사지	マッサージ
신칸센	新幹線
오사카	大阪
페리	フェリー
부산	釜山

例　B: 오이 , 마사지를 하다

① 　B: 컴퓨터 , 게임을 하다

② 　B: 신칸센 , 오사카에 가다

③ 　B: 페리 , 부산에 오다

3.　用言＋지 않다　　　　　～ない　　　　　〔用言文・否定〕

❖ 動詞、形容詞の語幹にそのままつけて「～しない、～くない、～でない」という意味を表す。

❖ 丁寧形の平叙文は「지 않습니다（～ありません）」、疑問文は「지 않습니까？（～ありませんか）」となる。

❖ 存在詞の「있다 ある、いる」の否定形は、「없다 ない、いない」である。

있습니다　→　없습니다　　　　　　　있습니까？　→　없습니까？

平叙文

動詞・形容詞 語幹 ＋ 지 않습니다 .

많다	多い	많지 않습니다 .	多くありません。
오다	来る	오지 않습니다 .	来ません。

疑問文

動詞・形容詞 語幹 ＋ 지 않습니까 ?

많다	多い	많지 않습니까 ?	多くありませんか。
오다	来る	오지 않습니까 ?	来ませんか。

表現 3 否定文を使って話してみましょう。

A: 일합니까?

B: 아뇨, 일하지 않습니다. 운동을 합니다.

例　A: 일하다　　　B: 일하다, 운동, 하다
① 　A: 수업하다　　B: 수업하다, 친구, 만나다
② 　A: 저금하다　　B: 저금하다, 돈, 찾다
③ 　A: 놀다　　　　B: 놀다, 김밥, 먹다

일하다	働く
운동	運動
수업하다	授業する
만나다	会う
저금하다	貯金する
돈	お金
찾다	おろす
놀다	遊ぶ
김밥	のり巻き

1. 次の基本形を「用言＋습니다 / ㅂ니다」の形に変えてみましょう。

用言文・基本形		現・합니다体	用言文・基本形		現・합니다体
*基本形の「다」の前を見る		습니다 / ㅂ니다 パッチム有 / 無、ㄹ（脱）	*基本形の「다」の前を見る		습니다 / ㅂ니다 パッチム有 / 無、ㄹ（脱）
닫다	閉める		만나다	会う	
읽다	読む		타다	乗る	
찾다	探す		사다	買う	
웃다	笑う		자다	寝る	
앉다	座る		공부하다	勉強する	
믿다	信じる		전화하다	電話する	
묻다	埋める		배우다	学ぶ	
작다	小さい		바꾸다	代える 変える	
좋다	良い		보다	見る	
싫다	嫌い		오다	来る	
높다	高い		마시다	飲む	
낮다	低い		가르치다	教える	
젊다	若い		달리다	走る	
늙다	老いる		쉬다	休む	
넓다	広い		기다리다	待つ	
좁다	狭い		버리다	捨てる	
살다	住む		만들다	作る	
알다	知る		불다	吹く	
놀다	遊ぶ		길다	長い	
열다	開く		멀다	遠い	
팔다	売る		달다	甘い	

2. 例のように「助詞（에서 , 을 / 를 , 에 , 으로 / 로）＋습니다 / ㅂ니다」を使って文を作ってみましょう。

> 영화관 映画館　가다 行く → 영화관에　갑니다 .

(1) 도서관 図書館 / 공부하다 勉強する

→

(2) 과일 果物 / 팔다 売る

→

(3) 교실 教室 / 있다 ある

→

(4) 지하철 地下鉄 / 가다 行く

→

(5) 볼펜 ボールペン / 쓰다 書く

→

3. 例のように「助詞（에서 , 을 / 를 , 에 , 으로 / 로）＋지 않습니다」を使って文を作ってみましょう。

> 게임 ゲーム　하다 する　→ 게임을　하지　않습니다 .

(1) 서울 ソウル / 살다 住む

→

(2) 햄버거 ハンバーガー / 먹다 食べる

→

(3) 맥주 ビール / 마시다 飲む

→

(4) 자리 席 / 앉다 座る

→

(5) 중국어 中国語 / 말하다 話す

→

4. 次の文を韓国語に訳しましょう。

(1) 私の趣味は料理です。家で韓国料理を作ります。

→
....

(2) 私は週末に飛行機でスペインに行きます。

→
....

(3) 今何をしていますか。　大学で友だちを待っています。

→
....

(4) デパートに行きますか。いいえ、デパートには行きません。

→
....

┌─→「〜が好きだ」は「〜を好きだ」に訳す。
(5) お酒が好きですか。いいえ、私はお酒が好きではありません。

→
....

한국 음식	韓国料理
비행기	飛行機
스페인	スペイン
백화점	デパート
술	お酒

1. 会話文を日本語に訳してみましょう。

민수　히로 씨는 취미가 무엇입니까 ?

....

히로　①게임입니다 . ② PC 방에서 온라인 게임을 합니다 .

....

민수　네 ! 제 취미는 ③축구입니다 .

....

히로　저도 ③축구를 좋아합니다 .

....

　　　그럼 , 이번에 같이 어떻습니까 ?

....

민수　저는 ④축구를 하지 않습니다 .

....

　　　집에서 ⑤텔레비전으로 봅니다 .

....

2. 上記の①から④を入れ替えて話してみましょう。

① 힙합　　　　　　　　　ヒップホップ
② 공원에서 힙합을 추다　公園でヒップホップを踊る
③ 영화 감상　　　　　　 映画鑑賞
④ 영화관에 가다　　　　 映画館に行く
⑤ DVD

취미 趣味				
게임 ゲーム				
PC 방 ネットカフェ				
에서 〜で				
온라인 オンライン				
을 / 를 〜を				
합니다 します				
축구 サッカー				
좋아합니다 好きです				
그럼 では				
이번에 今度（に）				
같이 一緒に				
어떻습니까 ? いかがですか				
지 않습니다 〜ません				
집 家				
텔레비전 テレビ				
봅니다 見ます				

3　趣味（취미）

등산을 가다　登山に行く

테니스를 치다　テニスをする

요리를 만들다　料理を作る

여행을 가다　旅行に行く

힙합을 추다　ヒップホップを踊る

영화를 보다　映画を見る

우표를 수집하다　切手を集める

바둑을 두다　囲碁をする

사진을 찍다　写真を撮る

그림을 그리다　絵を描く

드라이브를 하다　ドライブをする

스키를 타다　スキーをする

이 케이크 정말 맛있어요 !

 CD-55

ウンジの家の前で

민수 은지 씨 ! 이거 받아요.

은지 선배님, 그게 뭐예요?

민수 생일 선물이에요.

은지 어머 ! 제 생일은 오늘이 아니에요.

민수 네? 시월 오일 아니에요?

은지 십이월 오일이에요.

민수 …….

은지 와 ~ !!! 이 케이크 정말 맛있어요!

민수 네…. 천만 다행이에요!

発音・語彙

連音化　**받아요**　　선물이에요　생일은　　오늘이　　오일이에요
　　　[바다 pa da]　　　[무리 mu ri]　　[이른 i rɯn]　　[느리 nɯ ri]　　[이리 i ri]

이거　[i gɔ]	これ 「이것」の略語（付録 4）。　　　　　【文法 1】
받아요　[바다요 pa da jo] *連音化：ㄷ+ㅇ=↗ㄷ	受け取ってください　　　　(基)받다（受け取る） 「해요体」の場合、最後が「.」で終わると平叙文の みならず、勧誘や命令も表す。ここでは会話の内容 より「受け取ります」ではなく、「受け取ってくだ さい」と訳す。　　　　　　　　　　　【文法 3】
선배님　[sɔn bɛ nim]	先輩 「님」は「様」という意味の敬意を表す尊称。韓国 では格上や目上の人に対して「사장님（社長）」、「민 수님（ミンス）」のように肩書や名前の後につける。
그게　[kɯ ge]	それが 「그것이」の略語（付録 4）。　　　　　【文法 1】
생일　[sɛŋ il] 生日	誕生日
선물　[sɔn mul]	プレゼント、お土産
어머　[ɔ mɔ]	あら 軽い驚きや意外な気持ちを表す時に発する言葉。主 に女性が用いる。
오늘　[o nɯl]	今日
시월 오일　[ʃi wɔl o il]	10 月 5 日　　　　　　　　　　　　　【文法 2】
십이월 오일 [시비월 오일 ʃi bi wɔl o il] *連音化：ㅂ+ㅇ=↗ㅂ	12 月 5 日　　　　　　　　　　　　　【文法 2】
와 [wa]	わあ 予期せぬ嬉しい事が起きた時に発する言葉。
이 [i]	この　　　　　　　　　　　　　　　　【文法 1】
케이크 [kʰe i kʰɯ]	ケーキ
정말 [tʃɔŋ mal]	本当（に）
맛있어요　[마시써요 ma ʃi ˀsɔ jo] *連音化：ㅅ+ㅇ=↗ㅅ、ㅆ+ㅇ=↗ㅆ	おいしいです　　　　　(基)맛있다（おいしい） 　　　　　　　　　　　　　　　　　　【文法 3】
천만 다행　[tʃʰɔn man da hɛŋ] 千萬多幸	非常に幸いであること、たいへん幸運であること

文法と表現

1. 이 , 그 , 저	この、その、あの	〔指示詞〕
2. 일 , 이 , 삼…	一、二、三…	〔漢数詞〕
3. 用言＋아요 / 어요	～です・ます	〔用言文・해요体〕

1. 이 , 그 , 저   この、その、あの   〔指示詞〕

❖ 人、物、場所、位置などを指し示す言葉である。

指示対象		事物		場所	
이 i	この	이것 i gɔt	これ	여기 jɔ gi	ここ
그 kɯ	その	그것 kɯ gɔt	それ	거기 kɔ gi	そこ
저 tʃɔ	あの	저것 tʃɔ gɔt	あれ	저기 tʃɔ gi	あそこ
어느 ɔ nɯ	どの	어느것 ɔ nɯ gɔt	どれ	어디 ɔ di	どこ

2. 일 , 이 , 삼…   一、二、三…   〔漢数詞〕

❖ 日本語の「一、二、三…」にあたる数え方である。

❖「0 ゼロ」は「영 零」と読むが、電話番号や口座番号のように個々に数字を言う時は「공 空」と読む。

❖ 漢数詞につく助数詞は、次のようなものがある。

  「년 年」「월 月」「일 日」「개월 ヶ月」「주간 週間」「분 分」

  「세 歳」「원 ウォン」「엔 円」「학년 学年」「번 番」「층 層」

❖「6」の発音は、①語頭ではそのまま「육」と読むが、語中では②前の語がパッチム有りの場合「늌」

   ③パッチム無し、パッチムㄹの場合は「륙」と変化するので要注意 !!!

1	2	3	4	5	6	7	8	9
일	이	삼	사	오	육	칠	팔	구
il	i	sam	sa	o	juk	tʃʰil	pʰal	ku

10	20	30	40	50	60	70	80	90
십	이십	삼십	사십	오십	육십	칠십	팔십	구십
ʃip	i ʃip	sam ʃip	sa ʃip	o ʃip	juk⁇ʃip	tʃʰil⁇ʃip	pʰal⁇ʃip	ku ʃip

百	千	万	十万	百万	千万	億	兆	0
백	천	만	십만	백만	천만	억	조	영 / 공
pɛk	tʃʰɔn	man	ʃim man	pɛŋ man	tʃʰɔn man	ɔk	tʃo	jɔŋ/koŋ

※ 韓国では「1万」は「일만」ではなく「만」、そして「1,000万」は「일천만」ではなく「천만」と「일」をつけない。

表現1 次のものがいくらか聞いてみましょう。

CD-58

A: 이 모자 얼마예요?

B: 그 모자는 오만 원이에요.

모자	帽子
얼마	いくら
가방	カバン
티셔츠	Tシャツ
원피스	ワンピース

例　모자　50,000 원

① 가방 200,000 원

② 티셔츠 36,000 원

③ 원피스 14,0000 원

※「얼마」は値段、数量、分量、程度などが「いくら、どのぐらい」なのか尋ねる疑問詞（付録5）。

❖ 월 (月)

1月	2月	3月	4月	5月	6月
일월 i rwɔl	이월 i wɔl	삼월 sa mwɔl	사월 sa wɔl	오월 o wɔl	(유월) ju wɔl

7月	8月	9月	10月	11月	12月
칠월 tʃʰi rwɔl	팔월 pʰa rwɔl	구월 ku wɔl	(시월) ʃi wɔl	십일월 ʃi bi rwɔl	십이월 ʃi bi wɔl

※ 6月は「육월」ではなく「유월」、10月は「십월」ではなく「시월」である。

❖ 일 (日)

1日	2日	3日	4日	5日	6日	7日
일일 i ril	이일 i il	삼일 sa mil	사일 sa il	오일 o il	육일 ju gil	칠일 tʃʰi ril

8日	9日	10日	11日	12日	13日	14日
팔일 pʰa ril	구일 ku il	십일 ʃi bil	십일일 ʃi bi ril	십이일 ʃi bi il	십삼일 ʃip ˀsa mil	십사일 ʃip ˀsa il

15日	16日	17日	18日	19日	20日	21日
십오일 ʃi bo il	십육일 ʃim nju gil	십칠일 ʃip tʃʰi ril	십팔일 ʃip pʰa ril	십구일 ʃip ˀku il	이십일 i ʃi bil	이십일일 i ʃi bi ril

22日	23日	24日	25日	26日	27日	28日
이십이일 i ʃi bi il	이십삼일 i ʃip ˀsa mil	이십사일 i ʃip ˀsa il	이십오일 i ʃi bo il	이십육일 i ʃim nju gil	이십칠일 i ʃip tʃʰi ril	이십팔일 i ʃip pʰa ril

29日	30日	31日				
이십구일 i ʃip ˀku il	삼십일 sam ʃi bil	삼십일일 sam ʃi bi ril				

表現 2 友だちの誕生日を聞いてみましょう。

例 3月8日

※「언제」は、時期や時刻を尋ねる「いつ」という意味の疑問詞（付録5）。

❖ 요일 （曜日）

日曜日	月曜日	火曜日	水曜日	木曜日	金曜日	土曜日
일요일	**월요일**	**화요일**	**수요일**	**목요일**	**금요일**	**토요일**
i rjo il	wɔ rjo il	hwa jo il	su jo il	mo gjo il	kɯ mjo il	tʰo jo il
일 （日）	월 （月）	화 （火）	수 （水）	목 （木）	금 （金）	토 （土）

※「무슨」は名詞の前について「何、何の、どんな」という意味の疑問詞（付録5）。

「무슨 요일 何曜日」の発音は「무슨 뇨일 [mu sɯn ɲjo il]」となる（第4課・発音規則9）。

おととい	昨日	今日	明日	あさって
그저께	어제	오늘	내일	모레
kɯ dʒɔ ʔke	ɔ dʒe	o nɯl	nε il	mo re

先々週	先週	今週	来週	再来週
지지난 주	지난주	이번 주	다음 주	다다음 주
tʃi dʒi nan dʒu	tʃi nan dʒu	i bɔn ʔtʃu	ta ɯm ʔtʃu	ta da ɯm ʔtʃu

先々月	先月	今月	来月	再来月
지지난 달	지난달	이번 달	다음 달	다다음 달
tʃi dʒi nan dal	tʃi nan dal	i bɔn ʔtal	ta ɯm ʔtal	ta da ɯm ʔtal

表現 3　何曜日か聞いてみましょう。

A: 오늘이 무슨 요일이에요?

B: 화요일이에요.

例　A: 오늘　　　B: 화요일

① A: 내일　　　B: 일요일

② A: 어제　　　B: 금요일

③ A: 그저께　　B: 목요일

3. 用言＋아요 / 어요　　　〜です・ます　　〔用言文・해요体〕

❖ 日常会話では합니다体の「습니다 / ㅂ니다」より、うちとけた表現である해요体の「아요 / 어요」がよく使われる。
❖ 해요体の作り方は、基本形の語幹末が母音の場合、すなわち、「다」の直前の母音が陽母音「ㅏ，（ㅑ），ㅗ，（ㅛ）」の場合は「아요」をつける。また、陰母音「ㅏ，ㅗ以外」の場合は「어요」をつける。
❖ 平叙文、疑問文、命令文、勧誘文すべて同じ形を使う。
❖ 文末に「?」をつけると、疑問文になる。
❖ 文末が「.」で終わると平叙文のみならず、勧誘や命令も表す。

平叙文

陽母音語幹 ㅏ , ㅗ　　　＋ 아요 .

작다　小さい　　　　작 ＋ 아요 → 작아요 . 小さいです。

陰母音語幹 ㅏ , ㅗ以外　＋ 어요 .

먹다　食べる　　　　먹 ＋ 어요 → 먹어요 . 食べます。

表現 4　今日の夕方の予定について「해요体」で答えてみましょう。

CD-65

A: 오늘 저녁에 뭐합니까 ?

B: 사진관에서 사진을 찍 (아요 /어요).

저녁	夕方
사진관	写真館
찍다	撮る
디즈니씨	ディズニーシー
미키	ミッキー
신오쿠보	新大久保
불고기	プルゴギ
떡볶이	トッポッキ

例　B: 사진관 , 사진을 찍다
① 　B: 디즈니씨 , 미키를 찾다
② 　B: 신오쿠보 , 불고기를 먹다
③ 　B: 집 , 떡볶이를 만들다

1. 次のカレンダーを見て答えてみましょう。

11월

일	월	화	수	목	금	토
28	29	30	31	1	2	3 문화의 날
4	5	6	7	8	9	10
11	12	13	14 무비 데이	15	16	17
18 남친 생일	19	20	21	22	23 근로 감사의 날	24
25	26	27	28	29	30	1

← 문화제 →

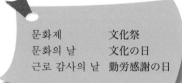

문화제	文化祭
문화의 날	文化の日
근로 감사의 날	勤労感謝の日

(1) 文化の日はいつですか。

(2) 勤労感謝の日はいつですか。

(3) ボーイフレンドの誕生日はいつですか。

(4)11月14日は何の日ですか？　※イラスト単語帳（119p.）を参照

(5) 大学の文化祭はいつからですか。

2. 次の基本形を「用言＋아요 / 어요」の形に変えてみましょう。

用言文・基本形		現・해요体	用言文・基本形		現・해요体
*基本形の「다」の前の母音を見る		아요 / 어요 ㅏ , ㅗ / ㅏ , ㅗ以外	*基本形の「다」の前の母音を見る		아요 / 어요 ㅏ , ㅗ / ㅏ , ㅗ以外
닫다	閉める		늦다	遅い	
읽다	読む		젊다	若い	
믿다	信じる		늙다	老ける	
묻다	埋める		받다	受け取る	
앉다	座る		끊다	切る	
웃다	笑う		넣다	入れる	
잡다	つかむ		놓다	置く	
많다	多い		괜찮다	大丈夫だ	
적다	少ない		짧다	短い	
좋다	好き		길다	長い	
싫다	嫌い		울다	泣く	
있다	ある・いる		살다	住む	
없다	ない・いない		알다	知る	
높다	高い		놀다	遊ぶ	
낮다	低い		열다	開く	
넓다	広い		팔다	売る	
좁다	狭い		들다	持つ	
입다	着る		만들다	作る	
벗다	脱ぐ		멀다	遠い	
찾다	探す		달다	甘い	

3. 次の文を韓国語に訳しましょう（해요体）。

(1) そのワンピースはいくらですか。8万5000ウォンです。

....

(2) スカイツリーは高いです。634メートルです。

....

(3) このチョコレートはおいしいですか。はい、本当においしいです。

....

(4) 学生食堂はどこにありますか。あの建物の2階にあります。

....

┌──▶「우리집　私たちの家」と訳す。
(5) 来週水曜日に<u>私の家</u>で誕生日パーティーを開きます。

....

스카이트리	スカイツリー
미터	メートル
초콜릿	チョコレート
학생 식당	学生食堂
건물	建物
파티	パーティー

1. 会話文を日本語に訳してみましょう。

민수 은지 씨 ! ①이거 받아요 .

....

은지 선배님, 그게 뭐예요 ?

....

민수 생일 선물이에요 .

....

은지 어머 ! 제 생일은 오늘이 아니에요 .

....

민수 네 ? ②시월 오일 아니에요 ?

....

은지 ③십이월 오일이에요 .

....

은지 와 ~ !!! 이 ④케이크 정말 맛있어요 .

....

민수 네…. 천만 다행이에요 !

....

2. 上記の①から④を入れ替えて話してみましょう。

① 이 사탕 부케   このキャンディーブーケ
② 오월 이십일   5月20日
③ 유월 이십일   6月20日
④ 사탕   キャンディー、飴

이거 これ				
받아요 受け取ります 受け取ってください				
선배님 先輩				
그게 それが				
생일 誕生日				
선물 プレゼント				
오늘 今日				
이 この				
케이크 ケーキ				
시월 오일 10月5日				
십이월 오일 12月5日				
정말 本当に				
맛있어요 おいしいです				
천만 다행 非常に幸いなこと				

4 干支は何ですか。（무슨 띠예요?） CD-66

쥐 띠　子年

소 띠　丑年

호랑이 띠　寅年

토끼 띠　卯年

용 띠　辰年

뱀 띠　巳年

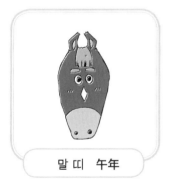

말 띠　午年

양 띠　未年

원숭이 띠　申年

닭 띠　酉年

개 띠　戌年

돼지 띠　亥年

※ 韓国は猪ではなく豚

같이 가요.

CD-67

 公園で

히로 혹시, 내일 시간 있어요?

은지 네, 시간 있어요. 왜요?

히로 내일이 무비데이예요.

은지 그게 무슨 날이에요?

히로 커플이 십일월 십사일에 영화를 봐요.

은지 저는 그런 날에는 관심이 없어요.
　　 하지만, 영화는 좋아해요.

히로 그럼 같이 가요.
　　 오후 세 시에 여기서 만나요.

発音・語彙

連音化　　内일이　　커플이　　날이에요?　　날에는　　관심이
　　　　　[이리 iri]　[프리 pʰuri]　[나리 na ri]　　[나레 na re]　[시미 ʃi mi]

濃音化・連音化　　**십사 일에**
　　　　　　　　[십싸 이레 ʃipˀsa i re]

혹시 [혹씨 hokˀʃi]	もしも、仮に、ひょっとしたら
*濃音化：ㄱ＋ㅅ＝ㄱ＋ㅆ	
내일 [nɛ il]	明日
시간 [ʃi gan]	時間
있어요 / 있어요?	います、あります / いますか、ありますか
[이써요 iˀsɔ jo]　*連音化：ㅆ＋ㅇ＝↗ㅆ	(基) 있다 (ある / いる)
왜요? [wɛ jo]	なぜですか 疑問詞の「왜 なぜ」に丁寧を表す「요」がついた形。
무비데이 [mu bi de i]	ムービー・デー
무슨 [mu sɯn]	何の
날 [nal]	日
커플 [kʰɔ pʰɯl]	カップル
십일월 십사일	11月14日
[시비뤌 십싸일 ʃi bi rwɔl ʃipˀsa il]	
*連音化：ㅂ＋ㅇ＝↗ㅂ　ㄹ＋ㅇ＝↗ㄹ	
*濃音化：ㅂ＋ㅅ＝ㅂ＋ㅆ	
영화 [영와 jəŋ (h)wa] 映畫	映画
봐요 [pwa jo]	見ます　　　　　　　　(基) 보다 (見る) 【文法1】
그런 [kɯ rɔn]	そのような
관심 [kwan ʃim] 關心	関心
없어요 [업써요 ɔpˀsɔ jo]	ありません　　　　　(基) 없다 (ない / いない)
*連音化：ㅄ＋ㅇ＝ㅂ＋ㅅ　업서요	
*濃音化：ㅂ＋ㅅ＝ㅂ＋ㅆ　업써요	
하지만 [ha dʒi man]	しかし
좋아해요 [조아해요 ʰtʃo a hɛ jo]	好きです　　　　　　(基) 좋아하다 (好きだ) 【文法1】
*ㅎの無音化：ㅎ＋ㅇ＝ㅊ＋ㅇ	
가요 [ka jo]	行きましょう　　　　(基) 가다 (行く) 【文法1】
오후 세 시 [o hu se ʃi]	午後3時　　　　　　　　　　　　　　【文法3】
여기서 [jɔ gi sɔ]	ここで 会話では「여기에서」の「에」が省略された形でよく使われる。
만나요 [man na jo]	会いましょう　　　　(基) 만나다 (会う) 【文法1】

文法と表現

---

1. 用言＋아요 / 어요の縮約形　　～です・ます　〔用言文・해요体〕

2. 하나 , 둘 , 셋…　　　　　　一つ、二つ、三つ…　〔固有数詞〕

3. 時刻

1.　用言＋아요 / 어요の縮約形　　　～です・ます　〔用言文・해요体〕

❖ 語幹末（基本形の「다」の直前の文字）にパッチムがなく、母音が「ㅏ , ㅓ , ㅐ , ㅔ , ㅕ」の場合には「아」や「어」が省略される。

母音の省略

① ㅏ + 아~~여~~ → ㅏ　　가다　　가 + ~~아~~요 → 가요
　　　　　　　　　　行く　　　　　　　　　　行きます。

② ㅓ + ~~여~~ → ㅓ　　서다　　서 + ~~여~~요 → 서요
　　　　　　　　　　立つ　　　　　　　　　　立ちます。

③ ㅐ + ~~여~~ → ㅐ　　개다　　개 + ~~여~~요 → 개요
　　　　　　　　　　晴れる　　　　　　　　　晴れます。

④ ㅔ + ~~여~~ → ㅔ　　베다　　베 + ~~여~~요 → 베요
　　　　　　　　　　切る　　　　　　　　　　切ります。

⑤ ㅕ + ~~여~~ → ㅕ　　켜다　　켜 + ~~여~~요 → 켜요
　　　　　　　　　　つける　　　　　　　　　つけます

❖ 語幹末（基本形の「다」の直前の文字）にパッチムがなく、母音が「ㅗ , ㅜ , ㅣ , ㅚ」の場合は「아」や「어」と合成される。

❖ ただし、「ㅟ , ㅢ」で終わる場合には縮約されない。

例　쉬다 休む→ 쉬어요 休みます　　　띄다 (目に) つく→ 띄어요 (目に) つきます

母音の合成

① ㅗ + 아 → ㅘ   오다   오   + 아요 → 와요．
　　　　　　　　　来る　　　　　　　　　　　　　来ます。

② ㅜ + 어 → ㅝ   배우다   배우 + 어요 → 배워요．
　　　　　　　　　学ぶ　　　　　　　　　　　　　学びます。

③ ㅣ + 어 → ㅕ   걸리다   걸리 + 어요 → 걸려요．
　　　　　　　　　かかる　　　　　　　　　　　　かかります。

④ ㅚ + 어 → ㅙ   되다   되   + 어요 → 돼요．
　　　　　　　　　なる　　　　　　　　　　　　　なります。

❖ 基本形が「하다」で終わるすべての用言、即ち「**하다用言**」の해요体は、「**하요**」ではなく「**해요**」となる。

하다用言	하다 →	해요
	する	します。

表現 1　友だちを誘ってみましょう。

A: 노래방에 같이 가요 ．

B: 네 , 거기서 노래해요 ．

例　　A: 노래방　　B: 노래하다
①　　A: 하코다테　 B: 야경을 보다
②　　A: 서울　　　 B: 인사동에 가다
③　　A: 뮌헨　　　 B: 맥주를 마시다

하코다테	函館
야경	夜景
인사동	仁寺洞
뮌헨	ミュンヘン

2. 하나, 둘, 셋… 一つ、二つ、三つ… 〔固有数詞〕

❖ 日本語の「一つ、二つ、三つ・・・」にあたる固有語の数え方である。

❖ 固有数詞は日本語とは異なり「99 (아흔 아홉)」まである。

❖ 後ろに助数詞が続く場合、「1, 2, 3, 4, 20」は、「하나→한, 둘→두, 셋→세, 넷→네, 스물→스무」
のように変化することに要注意 !!!

❖ 固有数詞につく助数詞は、次のようなものがある。
「시 時」「시간 時間」「달 月」「명 名」「개 個」「장 枚」「마리 匹、羽、頭」「살 歳」「번 回」「자루 本」
「병 瓶」「대 台」「송이 輪」「권 冊」など。

1	2	3	4	5	6	7	8	9
하나	둘	셋	넷	다섯	여섯	일곱	여덟	아홉
ha na	tul	set	net	ta sɔt	jɔ sɔt	il gop	jɔ dɔl	a hop
한	두	세	네					
han	tu	se	ne					

10	20	30	40	50	60	70	80	90
열	스물	서른	마흔	쉰	예순	일흔	여든	아흔
jɔl	sɯ mul	sɔ rɯn	ma (h)ɯn	ʃ(w)in	je sun	i l(h)ɯn	jɔ dɯn	a (h)ɯn
	스무							
	sɯ mu							

❖ 固有数詞の組み合わせ方

25個 20	+	5個	14名 10	+	4名
스물	+	다섯 개	열	+	네 명

※「넷 (4), 여섯 (6), 여덟 (8)」の発音は、前のパッチムがㄹで終わる場合、「렛 [let], 려섯 [lyɔ
sɔt], 려덟 [lyɔ dɔl] となる (第 4 課・発音規則 5、9)。

表現 2　次のものを数えてみましょう。

A: 꽃이 몇 송이 있어요?

B: 열아홉 송이 있어요.

① 새 （3 마리）

② 책 （10 권）

③ 카메라 （4 대）

꽃	花
송이	輪
새	鳥
마리	匹
책	本
권	冊
카메라	カメラ
대	台

3. 時刻

❖ 時刻を表す時、「～時」は「固有数詞＋시（時）」、「～分」は「漢数詞＋분（分）」を用いるので要注意 !!!

❖「몇（何）」は、数量を尋ねる時に使われる疑問詞で、「몇 시（何時）」、「몇 개（何個）」のように助数詞と共に用いられることが多い。

❖ 時間の起点を表す「부터～から」と終了の時点や地点を表す「까지～まで」は、時刻や時期を表す言葉と共に使う。

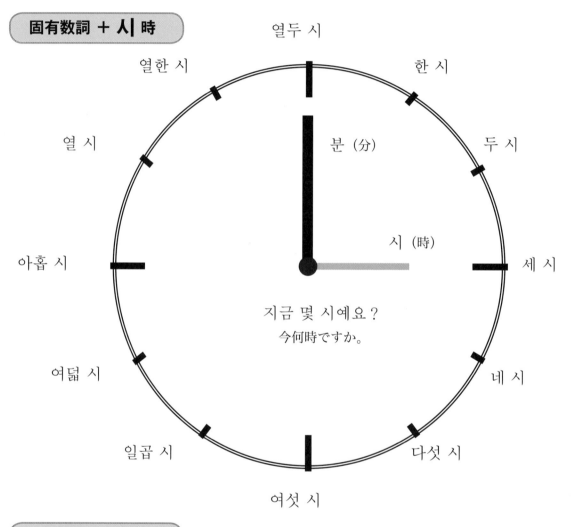

固有数詞 ＋ 시 時

열두 시
열한 시　　　　　한 시
열 시　　　분 (分)　　　두 시
　　　　　　　　　시 (時)
아홉 시　　　　　　　세 시
지금 몇 시예요 ?
今何時ですか。
여덟 시　　　　　　네 시
일곱 시　　　　다섯 시
여섯 시

漢数詞 ＋ 분 分

| 십 분 | 이십 분 | 삼십 분 | 사십 분 | 오십 분 | 육십 분 |

「半」は「반」

| 오전　午前 | 오후　午後 | 정오　正午 | 정각　ちょうど |

表現 3 지금 몇 시예요 ? (今何時ですか。)

①

②

....

③

④

....

⑤

⑥

....

表現 4 友だちの一週間のスケジュールについて聞いてみましょう。

A: 언제 아르바이트를 해요 ?

B: 월요일 , 수요일 오후 다섯 시 부터 열 시까지예요 .

일	월	화	수	목	금	토
① 데이트를 하다 13:00	수업을 하다 9:00−15:00					
	아르바이트 를 하다 17:00−22:00	② 피아노를 배우다 16:00−18:00	아르바이트 를 하다 17:00−22:00	③ 친구를 만나다 18:00−	④ 엠티 (MT) 에 가다 17:00−	

아르바이트　　アルバイト
데이트　　　　デート
피아노　　　　ピアノ
MT (Membership Training)
大学で新入生を歓迎する意味での
合宿旅行を指す。

114

1. 次の基本形を「用言＋아요 / 어요」の形に変えてみましょう。

用言文・基本形		現・해요体	用言文・基本形		現・해요体
*基本形の「다」の前の母音を見る		아요 / 어요　ㅏ , ㅗ / ㅏ , ㅗ以外　하다 →해요（変則）	*基本形の「다」の前の母音を見る		아요 / 어요　ㅏ , ㅗ / ㅏ , ㅗ以外　하다 →해요（変則）
가다	行く		배우다	学ぶ	
타다	乗る		바꾸다	代える 変える	
사다	買う		싸우다	戦う	
자다	寝る		나누다	分ける	
차다	冷たい		마시다	飲む	
만나다	会う		가르치다	教える	
끝나다	終わる		달리다	走る	
떠나다	発つ		기다리다	待つ	
일어서다	立つ		버리다	捨てる	
나서다	進み出る		내리다	降りる	
보내다	送る		다니다	通う	
지내다	過ごす		사랑하다	愛する	
해내다	成し遂げる		공부하다	勉強する	
세다	数える		좋아하다	好きだ	
펴다	広げる		싫어하다	嫌いだ	
보다	見る		생각하다	考える	
바라보다	眺める		시작하다	始まる	
오다	来る		운동하다	運動する	
들어오다	入ってくる		되다	なる	
돌아오다	戻ってくる		안되다	ダメだ	

2. 次の助数詞に固有数詞を入れてみましょう。

2 時間 (시간)		99 匹 (마리)	
1 ヶ月 (달)		19 歳 (살)	
34 名 (명)		12 本 (병)	
20 個 (개)		8 台 (대)	
90 枚 (장)		7 冊 (권)	

3. 次の下線部分を「用言＋아 / 어요」に書き換えてみましょう。

저는 오전 여섯 시 삼십 분에 (1) 일어납니다. 그리고 (2) 복습합니다.
아홉 시에 학교에 (3) 갑니다. 학생 식당에서 점심을 (4) 먹습니다.
오후 세 시 사십 분에 수업이 (5) 끝납니다. 그리고 동아리에서 친구들과
(6) 놉니다. 일곱 시에 집에 (7) 돌아옵니다.

(1) .... 　(2) .... 　(3) ....

(4) .... 　(5) .... 　(6) ....

일어나다 起きる
복습하다 復習する
점심 昼ごはん、昼

(7) ....

4. 上記の文を日本語に訳しましょう。

....

....

....

....

1. 会話文を日本語に訳してみましょう。

히로 혹시 , ①내일 시간 있어요 ?

．．．

은지 네 , 시간 있어요 . 왜요 ?

．．．

히로 ①내일이 ②무비데이예요 .

．．．

은지 그게 무슨 날이에요 ?

．．．

히로 커플이 ③십일월 십사일에 영화를 봐요 .

．．．

은지 저는 그런 날에는 관심이 없어요 .

．．．

하지만 , ④영화는 좋아해요 .

．．．

히로 그럼 같이 가요 . 오후 ⑤세 시에 여기서 만나요 .

．．．

2. 上記の①から⑤を入れ替えて話してみましょう。

①	모레	あさって
②	와인 데이	ワイン・デー
③	시월 십사일에 와인을 마시다	10 月 14 日にワインを飲む
④	와인	ワイン
⑤	다섯 시 삼십 분	5 時 30 分

혹시 もし				
내일 明日				
시간 時間				
왜요? なぜですか				
무비데이 ムービー・デー				
그게 それが				
무슨 何の				
날 日				
커플 カップル				
그런 そのような				
관심 関心				
하지만 しかし				
오후 午後				
여기서 ここで				
만나요 会いましょう				

5 毎月14日は何の日？

韓国でのカップル記念日 !?

1 月 14 日 다이어리데이
ダイアリー・デー

2 月 14 日 밸런타인데이
バレンタイン・デー

3 月 14 日 화이트데이
ホワイト・デー

4 月 14 日 블랙데이
ブラック・デー

5 月 14 日 로즈데이
ローズ・デー

6 月 14 日 키스데이
キス・デー

7 月 14 日 실버데이
シルバー・デー

8 月 14 日 그린데이
グリーン・デー

9 月 14 日 뮤직데이
ミュージック・デー

10 月 14 日 와인데이
ワイン・デー

11 月 14 日 무비데이
ムービー・デー

12 月 14 日 허그데이
ハグ・デー

第10課　저 구두 좀 보여 주세요.

 CD-76

靴屋で

은지　여기요！저 구두 좀 보여 주세요.

점원　네, 여기 있어요.
　　　손님한테 아주 잘 어울려요.

은지　네 , 저도 너무 마음에 들어요.
　　　그런데 얼마예요?

점원　십만 원이에요.

은지　예쁘지만, 비싸요. 좀 깎아 주세요.

점원　그럼 , 구만 원만 주세요.

은지　고맙습니다.

発音・語彙

鼻音化・連音化 **십만 원이**에요
[심마 눠니 ʃim ma nwɔ ni]

여기요 [jɔ gi jo]	あのう、すみません 「여기 ここ」に丁寧を表す「요」がついた形。直訳すると「ここです」だが、お店で店員を呼ぶ時に使う表現。
구두 [ku du]	靴
좀 [tʃom]	ちょっと、少し
보여 주세요 [po jɔ dʒu se jo]	見せてください　　　　　　　　　　基 보이다 (見える) 【文法1】
손님 [son nim]	お客様
한테 [han tʰe]	〜に 人や動物などを表す名詞につける　　　【文法2】
아주 [a dʒu]	とても、たいへん、非常に
잘 [tʃal]	よく
어울려요 [ɔ ul ljɔ jo]	似合います　　　　　　　　　　基 어울리다 (似合う)
마음에 들어요 [마으메 드러요 ma ɯ me dɯ rɔ jo] *連音化：ㅁ＋ㅇ＝↗ㅁ　ㄹ＋ㅇ＝↗ㄹ	気に入りました　　　　　　基 마음에 들다 (気に入る)
그런데 [kɯ rɔn de]	ところで、ところが、だが、しかし
얼마 [ɔl ma]	いくら、どのくらい 値段、数量、程度などを尋ねる疑問詞
십만 원 [심마 눤 ʃim ma nwɔn] *鼻音化：ㅂ＋ㅁ＝ㅁ＋ㅁ *連音化：ㄴ＋ㅇ＝↗ㄴ	10万ウォン
예쁘지만 [je ʔpɯ dʒi man]	きれいだが　　　　　　　　　　基 예쁘다 (きれいだ)
지만 [dʒi man]	〜だが、〜けれども　　　　　　　　　【文法3】
비싸요 [pi ʔsa jo]	高いです　　　　　　　　　　　基 비싸다 (高い)
깎아 주세요 [까까 주세요 ʔka ʔka dʒu se jo] *連音化：ㄲ＋ㅇ＝↗ㄲ	まけてください　　　　　　　　基 깎다 (まける) 【文法1】
구만 원 [구마 눤 ku ma nwɔn] *連音化：ㄴ＋ㅇ＝↗ㄴ	9万ウォン
만 [man]	〜だけ、〜ばかり、〜のみ 限定の意を表す。
고맙습니다 [고맙씀니다 ko map ʔsɯm ni da] *濃音化：ㅂ＋ㅅ＝ㅂ＋ㅆ *鼻音化：ㅂ＋ㄴ＝ㅁ＋ㄴ	ありがとうございます 　　　基 고맙다 (ありがたい)　ㅂ変則

文法と表現

---

1. **動詞＋아 / 어 주세요**　　～（し）てください　〔丁寧な命令〕
2. **名詞＋한테**　　～に、～から　〔助詞〕
3. **動詞＋지만**　　～だが、～けれども　〔逆接〕

---

1. 動詞＋아 / 어 주세요　　～（し）てください　〔丁寧な命令〕

❖ 「～（し）てください」と丁寧に依頼あるいは要請する表現。

❖ 語幹末（基本形の「다」の直前）の母音が「ㅏ , ㅗ」であれば「아 주세요」、「ㅏ , ㅗ以外」であれば「어 주세요」をつける。

❖ 名詞の後に「주세요」を使うと、「～（を）ください」の意味になる。

　例　물 주세요.　水ください。

動詞陽母音語幹　ㅏ、ㅗ　＋**아 주세요**

받다　　　　**받**　＋**아 주세요**　　　→**받아 주세요.**
受け取る　　受け取っ　てください　　　　受け取ってください。

陰母音語幹　ㅏ、ㅗ以外　＋**어 주세요**

나누다　　**나누**＋**어 주세요**　　→**나눠 주세요.**
分ける　　　分け　　てください　　　　分けてください。

하다用言　　　　　　　　　**해 주세요**

말하다　　**말하**＋**여 주세요**　　→**말해 주세요.**
話す　　　　話し　　てください　　　　話してください。

表現 1 「습니까 / ㅂ니까 ?」と「아 / 어 주세요」を入れて話してみましょう。

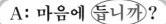

A: 마음에 들니까 ?

B: 아뇨 , 좀 바꿔 주세요 .

例	A: 마음에 들다	B: 아뇨 , 좀 바꾸다	
①	A: 너무 덥다	B: 네 , 창문 좀 열다	
②	A: 오쿠보 씨 있다	B: 네 , 잠시만 기다리다	
③	A: 어디에 사인하다	B: 네 , 여기에 사인하다	

너무	あまりに、〜すぎる
덥다	暑い
잠시만	しばらく
사인하다	サインする

2. 名詞＋한테　　　　〜に、〜から　　　　　〔助詞〕

❖ 人や動物を表す名詞の後について「(人、動物) に」あるいは「(人、動物) から」を意味する。

❖「〜から」は本来「한테서」であるが、実際の会話では「서」が省略して使われるため「〜に」と「〜から」はどちらも「한테」となることが多い。

❖「한테」が会話でよく使用されるのに対し、文章では「에게 (〜に)」、「에게서 (〜から)」が用いられる。これについても「서」が省略される。

❖ 名詞の後にそのままつく。

名詞 + 한테

〜に　　　**친구한테 선물을 보내요 .**
友だちにプレゼントを送ります。

〜から　　**친구한테 (서) 선물을 받아요 .**
友だちからプレゼントを受け取ります。

表現 2 誰に送る（보내다）か、誰から受け取る（받다）かを「한테」を入れて話してみましょう。

A: 은지한테 꽃을 보내요.

B: 히로한테 꽃을 받아요.

例	히로	→	꽃	→	은지
①	민주	→	메일	→	히로
②	히로	→	편지	→	민수
③	민수	→	책	→	유키

메일	メール
편지	手紙

3. 用言＋지만　　　　〜だが、〜けれども　　　〔逆接〕

❖「〜だが、〜けれども」のように先行した句・文から予想されるものとは異なる内容を接続させる連結語尾。

❖ その他、「Aもするが、Bもする」のように「それだけではなく」という意味もある。

❖ 用言の語幹にそのままつく。

> 用言語幹 ＋ 지만
>
> 예쁘다　　　　**예쁘지만 너무 비싸요.**
> きれいだ　　　きれいですが、とても高いです。
>
> 미안하다　　　**미안하지만 사진 좀 찍어 주세요.**
> 申し訳ない　　申し訳ありませんが、ちょっと写真を撮ってください。
>
> 달다　　　　　**달지만 맛이 없어요.**
> 甘い　　　　　甘いけれども、おいしくないです。

表現 3　「지만」を入れて話してみましょう。

A: 한국어 어떻습니까 ?

B: 어렵(지만)재미있어요 .

例　A: 한국어　　　　B: 어렵다 , 재미있다

①　A: 기숙사　　　　B: 좁다 , 깨끗하다

②　A: 떡볶이　　　　B: 맵다 , 맛있다

③　A: 전자 사전　　　B: 비싸다 , 편리하다

어렵다	難しい
재미있다	おもしろい
기숙사	寮
깨끗하다	きれいだ
전자 사전	電子辞書
편리하다	便利だ

まとめ 1

1. 次の文を「用言＋아 / 어 주세요」の形に変えてみましょう。

지갑을 찾다 財布を探す	지갑을 찾아 주세요. 財布を探してください。
소설을 읽다 小説を読む	
짐을 들다 荷物を持つ	
전원을 켜다 電源をつける	
메일을 보내다 メールを送る	
네 시까지 오다 4時までに来る	
원으로 바꾸다 ウォンに替える	
한국어를 가르치다 韓国語を教える	
친구가 되다 友だちになる	
다시 한 번 말하다 もう一度話す	

2. 例のように「지만」を入れて文を作ってみましょう。

> 수업 授業　많다 多い　　보람 있다 やりがいがある
> → 수업은 많지만 보람있어요.

(1) 비행기 飛行機 / 빠르다 速い / 비싸다 高い

→
....

(2) 일 仕事 / 힘들다 大変だ / 재미있다 面白い

→
....

(3) 이 코트 このコート / 예쁘다 きれいだ / 작다 小さい

→
....

126

(4) 날씨 天気 / 춥다 寒い / 괜찮다 大丈夫だ

→
....

(5) 내일 明日 / 일요일이다 日曜日だ / 일하다 働く

→
....

3. 次の文を韓国語に訳しましょう（해요체）。

(1) お客さま、しばらくお待ちください。

→
....

(2) この部屋を早く片付けてください。

→
....

(3) 私に電話番号を教えてください。

→
....

(4) すみませんが、山田さんに伝えてください。

→
....

(5) その人はあまり笑いませんが、親切です。

→
....

방	部屋
빨리	早く
치우다	片付ける
전화 번호	電話番号
전하다	伝える
별로	あまり
친절하다	親切だ

1. 会話文を日本語に訳してみましょう。

은지 **여기요! 저 ①구두 좀 보여 주세요.**

....

점원 **네, 여기 있어요. 손님한테 아주 잘 ②어울려요.**

....

은지 **네, 저도 너무 마음에 들어요. 그런데 얼마예요?**

....

점원 **③십만 원이에요.**

....

은지 **④예쁘지만, 비싸요. 좀 깎아 주세요.**

....

점원 **그럼, ⑤구만 원만 주세요.**

....

은지 **⑥고맙습니다.**

....

2. 上記の①から⑥を入れ替えて話してみましょう。

①	코트	コート
②	맞다	合う、似合う
③	이십 오만 원	25万ウォン
④	마음에 들다	気に入る
⑤	이십만 원	20万ウォン
⑥	감사합니다	感謝します、ありがとうございます

여기요 あのう、すみません				
구두 靴				
좀 ちょっと、少し				
보여 주세요 見せてください				
손님 お客様				
한테 〜に、〜から				
잘 よく				
어울려요 似合います				
마음에 들어요 気に入りました				
그런데 ところが				
얼마 いくら				
십만 원 10万ウォン				
예쁘지만 きれいだが				
비싸요 高いです				
깎아 주세요 まけてください				
구만 원만 9万ウォンだけ				
고맙습니다 ありがとうございます				

6 楽しいお買い物（즐거운 쇼핑）

코트
コート

목도리·장갑
マフラー・手袋

화장품
化粧品

구두
靴

귀걸이·목걸이
イアリング・ネックレス

안경
メガネ

모자
帽子

브래지어·팬티
ブラジャー・パンティー

가방·핸드백
カバン・ハンドバック

전자 사전
電子辞書

지갑
財布

수첩
手帳

付録

1. ハングル一覧表

子音＼母音	ㅏ	ㅑ	ㅓ	ㅕ	ㅗ	ㅛ	ㅜ	ㅠ	ㅡ	ㅣ	ㅐ	ㅒ	ㅔ	ㅖ	ㅘ	ㅙ	ㅚ	ㅝ	ㅞ	ㅟ	ㅢ
	a	ja	ɔ	jɔ	o	jo	u	ju	ɯ	i	ɛ	jɛ	e	je	wa	wɛ	we	wɔ	we	wi	ɯi
ㄱ k/g	가	갸	거	겨	고	교	구	규	그	기	개	걔	게	계	과	괘	괴	궈	궤	귀	긔
ㄴ n	나	냐	너	녀	노	뇨	누	뉴	느	니	내	냬	네	녜	놔	놰	뇌	눠	눼	뉘	늬
ㄷ t/d	다	댜	더	뎌	도	됴	두	듀	드	디	대	댸	데	뎨	돠	돼	되	둬	뒈	뒤	듸
ㄹ r	라	랴	러	려	로	료	루	류	르	리	래	럐	레	례	롸	뢔	뢰	뤄	뤠	뤼	릐
ㅁ m	마	먀	머	며	모	묘	무	뮤	므	미	매	먜	메	몌	뫄	뫠	뫼	뭐	뭬	뮈	믜
ㅂ p/b	바	뱌	버	벼	보	뵤	부	뷰	브	비	배	뱨	베	볘	봐	봬	뵈	붜	붸	뷔	븨
ㅅ s/ʃ	사	샤	서	셔	소	쇼	수	슈	스	시	새	섀	세	셰	솨	쇄	쇠	숴	쉐	쉬	싀
ㅇ ø	아	야	어	여	오	요	우	유	으	이	애	얘	에	예	와	왜	외	워	웨	위	의
ㅈ tʃ/dʒ	자	쟈	저	져	조	죠	주	쥬	즈	지	재	쟤	제	졔	좌	좨	죄	줘	줴	쥐	즤
ㅊ tʃʰ	차	챠	처	쳐	초	쵸	추	츄	츠	치	채	챼	체	쳬	촤	쵀	최	춰	췌	취	츼
ㅋ kʰ	카	캬	커	켜	코	쿄	쿠	큐	크	키	캐	컈	케	켸	콰	쾌	쾨	쿼	퀘	퀴	킈
ㅌ tʰ	타	탸	터	텨	토	툐	투	튜	트	티	태	턔	테	톄	톼	퇘	퇴	퉈	퉤	튀	틔
ㅍ pʰ	파	퍄	퍼	펴	포	표	푸	퓨	프	피	패	퍠	페	폐	퐈	퐤	푀	풔	풰	퓌	픠
ㅎ h	하	햐	허	혀	호	효	후	휴	흐	히	해	햬	헤	혜	화	홰	회	훠	훼	휘	희
ㄲ ʔk	까	꺄	꺼	껴	꼬	꾜	꾸	뀨	끄	끼	깨	깨	께	꼐	꽈	꽤	꾀	꿔	꿰	뀌	끠
ㄸ ʔt	따	땨	떠	뗘	또	뚀	뚜	뜌	뜨	띠	때	떄	떼	뗴	똬	뙈	뙤	뚸	뛔	뛰	띄
ㅃ ʔp	빠	뺘	뻐	뼈	뽀	뾰	뿌	쀼	쁘	삐	빼	뺴	뻬	뼤	뽜	뽸	뾔	뿨	쀄	쀠	쁴
ㅆ ʔs	싸	쌰	써	쎠	쏘	쑈	쑤	쓔	쓰	씨	쌔	썌	쎄	쎼	쏴	쐐	쐬	쒀	쒜	쒸	씌
ㅉ ʔtʃ	짜	쨔	쩌	쪄	쪼	쬬	쭈	쮸	쯔	찌	째	쨰	쩨	쪠	쫘	쫴	쬐	쭤	쮀	쮜	찍

2. パッチム

代表音	パッチム
ㄱ [k] ク	ㄱ ㅋ ㄲ (ㄱㅅ ㄹㄱ)
ㄴ [n] ン	ㄴ (ㄴㅈ ㄴㅎ)
ㄷ [t] ッ	ㄷ ㅌ ㅅ ㅆ ㅈ ㅊ ㅎ
ㄹ [l] ル	ㄹ (ㄹㅂ ㄹㅅ ㄹㅌ ㄹㅎ)
ㅁ [m] ム	ㅁ (ㄹㅁ)
ㅂ [p] プ	ㅂ ㅍ (ㅂㅅ ㄹㅍ ※ㄹㅂ)
ㅇ [ŋ] ン	ㅇ

※2つのパッチム

左の子音を読む「ㅂㅅ,ㄱㅅ,ㄴㅈ,ㄹㅅ,ㄹㅌ,ㄹㅂ,ㄴㅎ,ㄹㅎ」 ※ㄹㅂ「밟다 踏む」のみ右を読む

右の子音を読む「ㄹㄱ,ㄹㅍ,ㄹㅁ」

3. 助詞

助詞	パッチム有	パッチム無
～は	은	는
～が	이	가
～を	을	를
～で（手段）	으로	로 ⌐ ㄹパッチム
～と	과	와
～と	하고	
～の	의	
～も	도	
～に（時間・空間）	에	
～に（人・動物） ～から（人・動物）	한테 (서) , 에게 (서)	
～には	에는	
～で（場所）	에서	
～から（出発）	에서	
～から（時間）	부터	
～まで	까지	
～より	보다	

4. 指示詞（縮約形）

이 この		그 その		저 あの		어느 どの	
이것 これ	이거	그것 それ	그거	저것 あれ	저거	어느 것 どれ	어느 거
이것은 これは	이건	그것은 それは	그건	저것은 あれは	저건		
이것이 これが	이게	그것이 それが	그게	저것이 あれが	저게	어느 것이 どれが	어느 게
이것을 これを	이걸	그것을 それを	그걸	저것을 あれを	저걸	어느 것을 どれを	어느 걸
여기 ここ		**거기 そこ**		**저기 あそこ**		**어디 どこ**	
여기는 ここは	여긴	거기는 そこは	거긴	저기는 あそこは	저긴		
여기를 ここを	여길	거기를 そこを	거길	저기를 あそこを	저길	어디를 どこを	어딜

5. 疑問詞

몇		몇 ＋ 数（年・月・日・時・分・秒など） 지금 몇 시입니까?/ 예요?
무엇 / 뭐	何	무엇 ＋ 物質名詞（机・椅子・本など） 이것이 무엇입니까?/ 뭐예요?
무슨		무슨 ＋ 非物質名詞（曜日・色・料理・映画など） 오늘은 무슨 요일입니까?/ 이에요
어느	どの	어느 나라 사람입니까?/ 이에요?
어디	どこ	어디에 갑니까?/ 가요?
언제	いつ	생일이 언제입니까?/ 예요?
왜	なぜ	왜 그렇습니까?/ 그래요?
얼마	いくら	이것은 얼마입니까?/ 이게 얼마예요?
얼마나	どれぐらい	도쿄역까지 얼마나 걸립니까?/ 걸려요?
누구	誰	저 사람은 누구입니까?/ 예요?
누가	誰が	누가 은지 씨입니까?/ 예요?

6. 用言の活用

※ 基本形の「다」の直前を見る

		現在形・합니다体	現在形・해요体
用言	平叙文 疑問文	습니다.／ㅂ니다. 습니까?／ㅂ니까?	아요.／ 어요. 아요?／ 어요?
		パッチム有 ／ 無, ㄹ (脱)	陽母音 ㅏ, ㅗ ／ ㅏ, ㅗ以外 하다 → 해요 (変則)
	活用例 **작다** 小さい	작습니다. 작습니까?	작아요. 작아요?
	있다 ある・ない	있습니다. 있습니까?	있어요. 있어요?
	가다 行く	갑니다. 갑니까?	가요. 가요?
	하다 する	합니다. 합니까?	해요. 해요?
	놀다 遊ぶ	놉니다. 놉니까?	놀아요. 놀아요?
	멀다 遠い	멉니다. 멉니까?	멀어요. 멀어요?
名詞	平叙文 疑問文	名＋입니다. 名＋입니까?	名＋이에요.／ 예요. 名＋이에요?／ 예요?
		そのまま	パッチム有 ／ 無
	活用例 **가방** カバン	가방입니다. 가방입니까?	가방이에요. 가방이에요?
	선생님 先生	선생님입니다. 선생님입니까?	선생님이에요. 선생님이에요?
	학교 学校	학교입니다. 학교입니까?	학교예요. 학교예요?
	친구 友達	친구입니다. 친구입니까?	친구예요. 친구예요?

7. 基本的なあいさつ

안녕하세요? / 안녕하십니까?　　　　こんにちは。

안녕히 가세요. / 안녕히 가십시오.　　さようなら。(立ち去る人に)

안녕히 계세요. / 안녕히 계십시오.　　さようなら。(残る人に)

어서 오세요. / 어서 오십시오.　　　　いらっしゃいませ。

다녀오겠습니다.　　　　　　　　　　行ってきます。

다녀왔습니다.　　　　　　　　　　　ただいま。

다녀오세요. / 다녀오십시오.　　　　行っていらっしゃい。

다녀오셨어요? / 다녀오셨습니까?　　お帰りなさい。

就寝と起床

안녕히 주무세요. / 안녕히 주무십시오.　おやすみなさい。

안녕히 주무셨어요? / 안녕히 주무셨습니까?

　　　　　　　　おはようございます。(よくお休みになりましたか。)

出会いと再会

처음 뵙겠습니다.　　　　　　　　　　はじめまして。

만나서 반가워요. / 만나서 반갑습니다.　お会いできてうれしいです。

잘 부탁합니다.　　　　　　　　　　　よろしくお願いします。

오래간만이에요. / 오래간만입니다.　　お久しぶりです。

감사합니다.	感謝いたします。
고마워요. / 고맙습니다.	ありがとうございます。
천만에요.	どういたしまして。
미안해요. / 미안합니다.	すみません。ごめんなさい。
죄송해요. / 죄송합니다.	申し訳ございません。
괜찮아요. / 괜찮습니다.	かまいません。

失礼を詫びる

실례합니다.	失礼します。
실례했습니다.	失礼しました。

ねぎらい

수고하십니다.	お疲れさまです。
수고하셨습니다.	お疲れさまでした。

食事

잘 먹겠습니다.	いただきます。
잘 먹었습니다.	ごちそうさまでした。
맛있게 드세요. / 맛있게 드십시오.	どうぞ召し上がってください。

8. 授業でよく使われる表現

안녕하세요?	こんにちは。こんばんは。
출석을 부르겠습니다.	出席を取ります。
수업을 시작하겠습니다.	授業を始めます
어디까지 했어요?	どこまでしましたか？
○쪽을 펴 주세요.	○頁を開いてください。
들어 보세요.	聞いてみてください。
따라해 보세요.	後に続いて読んでください。
참 잘 했어요.	（とても）よくできました。
맞아요./ 아니에요.	そうです。/　違います。
알겠습니까?	わかりますか？
질문 있어요?	質問ありますか？
오늘은 여기까지 하겠습니다.	今日はここまでにします。
수고하셨습니다.	ご苦労様でした。

○쪽까지 했습니다.	○頁までやりました。
잘 모르겠습니다.	よくわかりません。
잘 알겠습니다.	よくわかりました。
선생님 , 질문 있어요.	先生、質問があります。
감사합니다.	ありがとうございます。

韓国語－日本語索引

배	梨、船、お腹	28
배구	バレーボール	72
배우	俳優	63
배우다	学ぶ	86
백	百	95
백화점	デパート	88
밸런타인 데이	バレンタイン・デー	119
뱀	蛇 (巳)	105
버리다	捨てる	86
버스	バス	83
버터	バター	30
번	～番	94
번	～回	110
법률	法律	52
벗다	脱ぐ	101
벚꽃	桜	37
베다	切る	108
변호사	弁護士	71
변화	変化	43
별로	あまり	127
별 일	変わったこと	56
병	～瓶	110
병아리	ひよこ	41
보내다	送る	115
보다	～より	134
보다	見る	79
보따리	ふろしき包み	31
보람 있다	やりがいがある	126
복습하다	復習する	116
볼일	用事	55
볼펜	ボールペン	87
봄	春	35
부부	夫婦	26
부엌	台所	37
부케	ブーケ	103
부터	～から	114
분	分	94, 111
불고기	プルゴギ	99
불다	(風が) 吹く	86
붙이다	付ける、貼る	50
브래지어	ブラジャー	130
블랙 데이	ブラック・デー	119
비	雨	10
비누	石鹸	28
비서	秘書	71
비싸다	(値段が) 高い	32

비행기	飛行機	88
빠르다	速い	126
빨리	早く	127
뽀뽀	チュー	32
뿌리	根	32
ㅅ		
사	四	95
사과	リンゴ	28
사다	買う	86
사랑	愛	35
사랑하다	愛する	115
사랑해요	愛しています	43
사십	四十	95
사월	四月	96
사인하다	サインする	123
사장님	社長	71
사진	写真	69
사진관	写真館	99
사진을 찍다	写真を撮る	91
사탕	キャンディー、飴	103
사투리	方言	29
살	～歳	110
살다	住む	86
삼	三	95
삼류	三流	52
삼십	三十	95
삼월	三月	96
삼호선	三号線	43
상류	上流	53
새	鳥	111
생각하다	考える	115
생일	誕生日	93
샤워	シャワー	83
서다	立つ、止まる	108
서른	三十	110
서비스	サービス	28
서울	ソウル	87
서울 역	ソウル駅	56
서점	書店	83
선물	プレゼント、お土産	73
선배	先輩	69
선생님	先生	63
선수	選手	72
설날	お正月	51
세	～歳	94
세	三つの	110

日本語－韓国語索引

あ

日本語	韓国語
愛	사랑
愛しています	사랑해요
相性	궁합
愛する	사랑하다
会う	만나다
合う、似合う	맞다
あえて	굳이
秋	가을
開ける	열다
あさって	모레
足	발
味	맛
明日	내일
小豆が	팥이
あそこ	저기
あそこは (저기는) の略語	저긘
あそこを (저기를) の略語	저길
遊ぶ	놀다
暑い	덥다
当てる	맞히다
兄	오빠
あの	저
あのう、すみません	여기요
甘い	달다
あまり	별로
あまりに、～すぎる	너무
飴	엿
雨	비
アメリカ	미국
あら	어머
ありがたい	고맙다
ありがとうございます	감사합니다 , 고맙습니다
あります	있습니다 , 있어요
ありますか	있습니까 ?, 있어요?
ありません	없습니다
～ありません	지 않습니다
ありませんか	없습니까 ?
～ありませんか	지 않습니까 ?
ある	있다
アルバイト	아르바이트
あれ	저것
あれ (저것) の略語	저거
あれが (저것이) の略語	저게
あれは (저것은) の略語	저건
あれを (저것을) の略語	저걸

い

いいえ	아뇨 , 아니요
家	집
医学	의학
行く	가다
いくら	얼마
囲碁をする	바둑을 두다
石釜のご飯	돌솥밥
医者	의사
一	일
いちいち	일일이
一月	일월
一度	한 번
いつ	언제
一緒に	같이
五つ	다섯
いない	없다
犬 (戌)	개
今	지금
います	있습니다 , 있어요
いますか	있습니까 ?, 있어요?
いません	없습니다
いませんか	없습니까 ?
妹	여동생
イヤリング	귀걸이
いる	있다
入れよう	넣자
入れる	넣다

う

上	위
ウォン	원
受け取る	받는다
受け取る	받다
兎 (卯)	토끼
牛 (丑)	소
うそ	거짓말
歌う	노래하다
馬 (午)	말
海	바다
産める	묻다
売る	팔다
運動	운동
運動する	운동하다

え

映画	영화
映画館	영화관
映画を見る	영화를 보다
映像	영상
駅	역
干支	띠
絵を描く	그림을 그리다
〜円	엔
演劇	연극

お

おいしい	맛있다
老いる、老ける	늙다
多い	많다
お母さん	어머니
お金	돈
置きます	놓아요
お客様	손님
起きる	일어나다
億	억
置く	놓다
送る	보내다
お元気で	안녕히
教える	가르치다
おじさん	아저씨
遅い、遅れる	늦다
お父さん	아버지
男、男性	남자
おととい	그저께
おはようございます	안녕하세요 ?
	안녕하십니까 ?
面白い	재미있다
降りる	내리다
終わり	끝
終わりが	끝이
終わる	끝나다
音楽	음악
恩恵	은혜
オンライン	온라인

か

〜が	이 / 가
〜回	번
〜階 (層)	층
会社員	회사원
買う	사다
代える、変える	바꾸다

帰る、帰ってくる	돌아오다
顔	얼굴
かかる	걸리다
柿	감
書く	쓰다
家具	가구
学生	학생
学生食堂	학생 식당
学年	학년
〜ヶ月	개월
カササギ	까치
歌手	가수
数える	세다
片付ける	치우다
学校	학교
カップル	커플
カバン	가방
カフェ	카페
紙	종이
カメラ	카메라
通う	다니다
火曜日	화요일
〜から	부터 (時間),에게서 , 한테서 (人・動物)
辛い	맵다
カラオケ	노래방
変わったこと	별 일
考える	생각하다
韓国語	한국말 , 한국어
韓国人	한국 사람
韓国料理	한국 요리 , 한국 음식
看護師	간호사
感謝	감사
関心	관심

き

菊	국화
記者	기자
キス・デー	키스 데이
切手を集める	우표를 수집하다
狐	여우
気に入る	마음에 들다
昨日	어제
木の葉	나뭇잎
キャンディー、飴	사탕
九	구
急行	급행

九十	구십 (漢数詞)	五ケ月	다섯달
	아흔 (固有数詞)	五月	오월
牛乳	우유	故郷	고향
九万ウォン	구만 원	国語	국어
きゅうり	오이	国立	국립
今日	오늘	ここ	여기
教育	교육	午後	오후
教科書	교과서	ここで	여기서
教師	교사	九つ	아홉
教室	교실	ここは (여기는) の略語	여긴
協力	협력	ここを (여기를) の略語	여길
嫌い	싫다	五十	오십 , 쉰
嫌いだ	싫어하다	午前	오전
切る	끊다 , 베다	国家、国歌	국가
着る	입다	この	이
きれいだ	예쁘다	このように	이렇게
きれいだ、清潔だ	깨끗하다	ご飯	밥
きれいだが	예쁘지만	コピー	카피
金曜日	금요일	これ	이것
金利	금리	これ (이것) の略語	이거
勤労	근로	これが (이것이) の略語	이게
		これは (이것은) の略語	이건
く		これを (이것을) の略語	이걸
九月	구월	今月	이번 달
果物	과일	今週	이번 주
靴	구두	今度	이번
国	나라	こんにちは	안녕하세요 ?
グリーン・デー	그린 데이		안녕하십니까 ?
来る	오다	こんばんは	안녕하세요 ?
			안녕하십니까 ?
け		コンビニエンスストア	편의점
経済	경제	コンピューター	컴퓨터
警察官	경찰관		
ケーキ	케이크	さ	
ゲーム	게임	サークル	동아리
化粧品	화장품	サービス	서비스
結婚	결혼	～歳	살 , 세
月曜日	월요일	財布	지갑
		再来週	다다음 주
こ		サインする	사인하다
～個	개	探す	찾다
五	오	作文	작문
子犬	강아지	桜	벚꽃
公園	공원	酒	술
合格	합격	～冊	권
後輩	후배	雑音	잡음
公務員	공무원	サッカー	축구
コート	코트		
コーヒー	커피		

さつま芋	고구마	祝賀	축하
寒い	춥다	宿泊	숙박
再来月	다다음 달	首都、水道	수도
猿 (申)	원숭이	主婦	주부
三	삼	趣味	취미
さん、氏	씨	正月	설날
三月	삼월	正午	정오
三号線	삼호선	障子	미닫이
三十	삼십 , 서른	乗車券	차표
三流	삼류	小説	소설

<table>
<tr><td colspan="2" align="center">し</td><td>消防士</td><td>소방관</td></tr>
</table>

		上流	상류
～時	시	職業	직업
塩辛い、しょっぱい	짜다	食堂	식당
しかし	하지만	食用油	식용유
四月	사월	食糧	식량
時間	시간	女子	여자
仕事	일	書店	서점
仕事する	일하다	新羅	신라
七	칠	汁	국물
七月	칠월	知る	알다
室内	실내	シルバー・デー	실버 데이
しっぽ	꼬리	新幹線	신칸센
しばらく	잠시만	信じる	믿다
します	합니다 , 해요	親切だ	친절하다
閉める	닫다	新聞	신문
写真	사진	心理	심리

<table>
<tr><td>写真館</td><td>사진관</td><td colspan="2" align="center">す</td></tr>
</table>

写真を撮る	사진을 찍다		
社長	사장님	水曜日	수요일
シャワー	샤워	数学	수학
十	십 , 열	末っ子	막내
十一月	십일월	スカート	치마
十月	시월	スカイツリー	스카이트리
週間、週刊	주간	スキーをする	스키를 타다
十字架	십자가	好きだ	좋아하다
十二月	십이월	すぐ	곧
十年	십 년	少ない	적다
十八	열 여덟	少し、ちょっと	좀
週末	주말	過ごす	지내다
十万	십만	捨てる	버리다
十万ウォン	십만 원	スペイン	스페인
十四日	십사 일	スマートフォン	스마트 폰
十六	십육	炭	숯
十六日	십육 일	住む	살다
授業	수업	する	하다
授業する	수업하다	する仕事	하는 일

する予定	할 예정	台所	부엌
座ります	앉아요	大変だ	힘들다
座る	앉다	~だが、~けれども	지만

せ		高い	높다
席	자리	(値段が)高い	비싸다
石鹸	비누	~だけ	만
節約	절약	戦う	싸우다
狭い	좁다	発つ	떠나다
千	천	立つ	일어서다
先月	지난달	立つ、止まる	서다
専攻	전공	建物	건물
選手	선수	食べる	먹다
先週	지난주	だめだ、いけない	안되다
先生	선생님	誰	누구
先々週	지지난 주	誰が	누가
先輩	선배	単語	낱말
千万	천만	単語	단어
千里	천리	誕生日	생일
占領	점령		
先々月	지지난 달	ち	

そ		小さい	작다
宋	송	チーズ	치즈
象	코끼리	違います	아니에요 , 아닙니다
そうだ	옳지	地下鉄	지하철
ソウル	서울	地図	지도
ソウル駅	서울 역	チュー	뽀뽀
そこ	거기	中央	중앙
そこは(거기는)の略語	거긴	中国語	중국어
そこを(거기를)の略語	거길	中国人	중국 사람
外	밖	注射	주사
その	그	注文	주문
そのような	그런	兆	조
それ	그것	長兄	맏형
それ(그것)の略語	그거	ちょうど	정각
それが(그것이)の略語	그게	調理師	요리사
それは(그것은)の略語	그건	貯金する	저금하다
それを(그것을)の略語	그걸	チョコレート	초콜릿

た		つ	
~だ	이다	通訳	통역사
~台	대	つかむ	잡다
ダイアリー・デー	다이어리 데이	~月	월
体育	체육	つく(目に)	띄다
大学(校)	대학(교)	作る	만들다
大学生	대학생	つける	켜다
退屈だ	심심하다	付ける、貼る	붙이다
大丈夫だ	괜찮다	伝える	전하다
		土	흙

冷たい	차다	どこ	어디

<table>
<tr><td colspan="2" align="center">て</td><td>ところで、ところが</td><td>그런데</td></tr>
</table>

手	손	どこを (어디를) の略語	어딜
～で、～から	에서	登山に行く	등산을 가다
～で、～へ、～に	으로 / 로	都市	도시
Tシャツ	티셔츠	図書館	도서관
ディズニーシー	디즈니씨	トッポッキ	떡볶이
デート	데이트	とても	아주
手紙	편지	どの	어느
～ (し) てください	아 / 어 주세요	どのように	어떻게
デザイナー	디자이너	トマト	토마토
～です	습니다 / ㅂ니다	友だち	친구
	아요 / 어요	土曜日	토요일
	입니다 , 이에요 / 예요	虎 (寅)	호랑이
～ですか	습니까 ?/ ㅂ니까 ?	ドライブをする	드라이브를 하다
	아요 ?/ 어요 ?	鳥	새
	입니까 ?, 이에요 ?/	鶏 (酉)	닭
	예요 ?	撮る	찍다
手帳	수첩	どれ	어느 것
テニスをする	테니스를 치다	どれ (어느 것) の略語	어느 거
では	그럼	どれが (어느 것이) の略語	어느 게
デパート	백화점	どれを (어느 것을) の略語	어느 걸
～ではありません	이 / 가 아니에요	どんぐり	도토리
	이 / 가 아닙니다		

<table>
<tr><td>～ではない</td><td>이 / 가 아니다</td><td colspan="2" align="center">な</td></tr>
</table>

手袋	장갑	ない	없다
寺	절	中	속
出る、進み出る	나서다	長い	길다
テレビ	텔레비전	眺める	바라보다
点	점	泣く	울다
天気	날씨	情け	정
電源	전원	梨、船、お腹	배
電子辞書	전자 사전	成し遂げる	해내다
電話	전화	茄子、枝	가지
電話番号	전화 번호	なぜ	왜

<table>
<tr><td colspan="2" align="center">と</td><td>なぜですか</td><td>왜요 ?</td></tr>
</table>

～と	과 / 와 , 하고	夏	여름
ドイツ	독일	七十	칠십 , 일흔
～頭	마리	七つ	일곱
唐辛子	고추	何	무엇 , 뭐
陶磁器	도자기	何～	몇
どうだ	어떻다	鍋、チゲ	찌개
豆腐	두부	名前	이름
同僚	동료	何時	몇 시
遠い	멀다	何年	몇 년 , 몇 해
独立	독립	何の	무슨
		何のこと、何の仕事	무슨 일

何曜日	무슨 요일	葉書き	엽서
何里	몇 리	ハグ・デー	허그 데이
に		迫力	박력
二	이	橋、足	다리
～に	에 , 에게 , 한테	始まる	시작하다
二月	이월	走る	달리다
二十	이십 , 스물	バス	버스
にせもの	가짜	バスケットボール	농구
～日	일	バター	버터
日曜日	일요일	畑	밭
～になる	되다	畑が	밭이
二日	이 일	八	팔
～には	에는	八月	팔월
日本語	일본어	八十	팔십 , 여든
日本人	일본 사람	花	꽃
日本の野球	일본 야구	話す	말하다
日本料理	일본 요리	鼻血	코피
荷物	짐	速い	빠르다
入学	입학	早く	빨리
入社	입사	春	봄
入力	입력	バレーボール	배구
ぬ		晴れる	개다
脱ぐ	벗다	バレンタイン・デー	밸런타인 데이
ね		半	반
根	뿌리	～番	번
猫	고양이	パンティー	팬티
ネズミ (子)	쥐	ハンドバック	핸드백
ネックレス	목걸이	ハンバーガー	햄버거
ネットカフェ	PC 방	**ひ**	
寝る	자다	日	날
～年	년	ピアノ	피아노
の		ビール	맥주
～の	의	～匹	마리
農学	농학	低い	낮다
能力	능력	飛行機	비행기
飲む	마시다	久しぶり	오래간만
のり巻き	김밥	美術	미술
乗る	타다	秘書	비서
は		非常に幸いであること	천만 다행
～は	은 / 는	美人	미인
パーティー	파티	羊 (未)	양
はい	네 , 예	ヒップホップ	힙합
俳優	배우	ヒップホップを踊る	힙합을 추다
入る、入ってくる	들어오다	一つ	하나
葉が	잎이	一つの	한
バカ	바보	一人	혼자

美男	미남		
日の出	해돋이		
百	백		
美容師	미용사		
ひよこ	병아리		
昼	낮		
昼、昼ごはん	점심		
昼の仕事	낮 일		
広い	넓다		
広げる	넓히다		
広げる	펴다		
広さ	넓이		
～瓶	병		

ふ			
ブーケ	부케		
夫婦	부부		
笛	피리		
フェリー	페리		
(風が)吹く	불다		
復習する	복습하다		
ふさわしい	어울리다		
蓋	덮개		
豚(亥)	돼지		
二つ	둘		
二つの	두		
ブドウ	포도		
ブラジャー	브래지어		
ブラック・デー	블랙 데이		
フリーター	프리터		
プルゴギ	불고기		
プレゼント、お土産	선물		
ふろしき包み	보따리		
～分	분		
文化	문화		
文学	문학		
文化祭	문화제		

へ			
蛇(巳)	뱀		
部屋	방		
変化	변화		
勉強する	공부하다		
弁護士	변호사		
返事	답장		
便利	편리		
便利だ	편리하다		

ほ			
方言	사투리		
帽子	모자		
法律	법률		
ボールペン	볼펜		
ホワイト・デー	화이트 데이		
～本	자루		
本	책		
本当(に)	정말		

ま			
～枚	장
前	앞
前(時間)	전
前髪	앞머리
(値段を)まける	깎다
～ます	습니다 / ㅂ니다
	아요 / 어요
～ますか	습니까 ?/ ㅂ니까 ?
	아요 ?/ 어요 ?
また	다시 , 또
松	솔
待つ	기다리다
マッサージ	마사지
まっすぐに	곧이
～まで	까지
窓	창문
真夏	한 여름
学ぶ	배우다
マフラー	목도리
万	만
漫画	만화

み			
短い	짧다
水遊び	물놀이
水冷麺	물냉면
ミッキーマウスの略語	미키
三つ	셋
三つの	세
港	항구
ミュージック・デー	뮤직 데이
見る	보다

む			
ムービー・デー	무비데이
昔	옛날
昔話	옛 이야기
虫眼鏡	돋보기

難しい	어렵다		ら	
六つ	여섯	来月	다음 달	
め		来週	다음 주	
～名	명		り	
メートル	미터	理由	이유	
メール	메일	龍 (辰)	용	
メガネ	안경	留学生	유학생	
綿	솜	寮	기숙사	
も		料理をする	요리를 하다	
～も	도	旅行	여행	
申し訳ない	미안하다	旅行に行く	여행을 가다	
毛布	담요	～輪	송이	
木曜日	목요일	リンゴ	사과	
模型	모형		れ	
もし、ひょっとして	혹시	零	영 (0)	
持つ	들다	礼儀	예의	
森	숲	連絡	연락	
や			ろ	
薬剤師	약사	ろうそく	초	
役割	역할	ローズ・デー	로즈 데이	
夜景	야경	六	육	
安い (値段が)	싸다	六月	유월	
休む	쉬다	六十	육십 , 예순	
八つ	여덟		わ	
やりがいがある	보람 있다	～羽	마리	
ゆ		わあ	와	
優雅	우아	ワイン	와인	
夕方	저녁	ワイン・デー	와인 데이	
郵便局	우체국	若い	젊다	
輸入の薬	수입 약	分ける	나누다	
よ		わずらわしく	귀찮게	
良い	좋다 , 좋아	忘れられる	잊혀지다	
良いの？	좋니？	私	저	
用事	볼일	私達、我々	우리	
曜日	요일	私の	제	
よく	잘	笑う	웃다	
横	옆	ワンピース	원피스	
四つ	넷		を	
四つの	네	～を	을 / 를	
読む	읽다			
～より	보다			
夜	밤			
四	사			
四十	사십 , 마흔			
四日	사 일			

おはよう韓国語　1

© 2014 年 1 月 30 日　初版発行
2023 年 3 月 30 日　第 9 刷発行
2024 年 1 月 30 日　第 2 版発行
2024 年 9 月 30 日　第 2 刷発行

検印
省略

著者　　　　　　　　　　　　　　　　崔　柄珠

発行者　　　　　　　　　　　　　　小川　洋一郎
発行所　　　　　　　　　　株式会社　朝日出版社
101-0065　東京都千代田区西神田 3-3-5
電話　03-3239-0271/72
振替口座　00140-2-46008
https://www.asahipress.com/

組版 / (株)剛一・KEN　デザイン / KEN　印刷 /TOPPAN クロレ (株)